公共交通、土地利用与城市形态

[美]韦恩·奥图　帕特里夏·亨德森　编

龚迪嘉　译

中国建筑工业出版社

著作权合同登记图字：01-2012-5925号

图书在版编目（CIP）数据

公共交通、土地利用与城市形态/（美）奥图，亨德森编；龚迪嘉译.—北京：中国建筑工业出版社，2013.8
 ISBN 978-7-112-15637-5

Ⅰ.①公… Ⅱ.①奥…②亨…③龚… Ⅲ.①城市交通—公共交通系统—研究②城市土地—土地利用—研究③城市规划—研究 Ⅳ.①U491.1②F293.2③TU984

中国版本图书馆CIP数据核字（2013）第163951号

Copyright © 1988 by Center for American Architecture and Design. The University of Texas at Austin. All rights reserved.
本书由美国建筑设计中心和得克萨斯大学授权我社翻译、出版、发行本书中文版

Transit, Land Use & Urban Form/Edited by Wayne Attoe and Patricia Henderson

责任编辑：焦　扬　戚琳琳
责任设计：董建平
责任校对：肖　剑　陈晶晶

公共交通、土地利用与城市形态
[美] 韦恩·奥图　帕特里夏·亨德森　编
龚迪嘉　译
*
中国建筑工业出版社出版、发行（北京西郊百万庄）
各地新华书店、建筑书店经销
华鲁印联（北京）科贸有限公司制版
北京中科印刷有限公司印刷
*
开本：787×1092毫米　1/16　印张：14　字数：210千字
2013年11月第一版　2013年11月第一次印刷
定价：48.00元
ISBN 978-7-112-15637-5
（24186）

版权所有　翻印必究
如有印装质量问题，可寄本社退换
（邮政编码　100037）

前　言

以下论文和报告均由服务于得克萨斯州（Texas）奥斯汀（Austin）地区的首府大都市区交通管理局（Capital Metropolitan Transportation Authority）所举办的会议提供。如同其他快速增长的阳光地带（Sunbelt）城市一样，奥斯汀也正在酝酿将大容量公共交通重新引入该区域中。该会议所面临的核心问题是："奥斯汀地区如何将新的公共交通发展作为塑造城市和区域发展的积极力量？"

在认识到对公共交通和城市设计进行研讨的重要性和及时性后，美国建筑研究中心（Center for the Study of American Architecture）与首府地铁集团（Capital Metro）一起安排和组织会议，期间获得来自公营/私营公共交通网（Public/Private Transit Network）[都市公共交通管理局（Urban Mass Transit Administration）的分支机构]和奥斯汀市政当局（City of Austin）的支持。来自美国、加拿大和澳大利亚的其他已创建新型公共交通系统城市的专家被邀请参会以分享他们的经验，其他演讲者也被邀请做有关土地利用、开发和社区参与等主题的演讲。两天的会议于1987年3月15~16日在得克萨斯大学奥斯汀校区召开。

很多人都帮助计划和落实了会议的相关议程。约翰·恰尔肯（John Calkin），当时的首府地铁集团系统开发部主任，和西蒙·阿特金森（Simon Atkinson），得克萨斯大学奥斯汀校区建筑学院副院长，率先思考了将会议作为一次寻求将公共交通发展、土地利用规划和城市设计的目标相协调，以塑造提升生活质量的城市形态和合理的交通运输系统的契机。首府地铁集团的德博拉·格洛弗（Deborah Glover），赫伯·哈德逊（Herb Hudson）和艾德·泰勒（Ed Taylor）以及研究中心的帕特里夏·亨德森（Patricia Henderson）承担了详细会议策划的重任。他们格外的努力确保了会议的平稳运行。来自建筑学院的工作人员熟练地提供了会议的技术必备条件。

尽管一些会议演讲者的发言特别针对奥斯汀地区的问题，但演讲者所讲述的大多数内容是与诸多美国城市相关的问题。事实上，这次遍布北美洲和澳大利亚的经验和智慧的结晶似乎是具有历史意义的，并值得以书的形式广泛传播。我们获得了城市治理的荣誉奖（Mike Hogg Endowment for Urban Governance）和首府地铁集团的授权，使得这些经修订和扩充的论文得以出版。衷心感谢他们的协助。

劳伦斯·W·斯比克（Lawrence W. Speck），美国建筑研究中心主任，和哈尔·博克斯（Hal Box），建筑学院院长，对会议策划和出版的全过程给予了全力支持。西蒙·阿特金森(Simon Atkinson)，除了他对本书的写作贡献外，还在进程的每一步都承担了重要角色，帮助确定会议议程，介绍给人留下深刻印象的演讲者队伍，并巧妙地引导了会议结束阶段的讨论，通过讨论，使与会者得以表达他们所关切的问题和热衷的事物。可能最重要的是，他不断地强调了面对交通运输与生活质量危机的奥斯汀和其他城市所做的全面努力的重要性。

帕特里夏·亨德森的多才多艺和可靠性使会议策划和书籍编辑变得轻松而愉快。在整个过程中，她所获得的荣誉不计其数，她对待荣誉的公正性值得称赞。在写这本书的过程中，我们还依赖于威廉·本尼迪克（William Benedict）的设计知识和技术以及安·卡思伯森（Ann Cuthbertson）的最后校对。

韦恩·奥图（Wayne Attoe）
得克萨斯州奥斯汀市
1988年3月

目 录

引言·················西蒙·阿特金森　1

第一部分
公共交通在塑造城市特色中的作用············7
土地开发与公共交通衔接的探究··········金·库什曼　9
交通流量与公共交通的未来·······C·肯尼思·奥斯基　37
公共交通与不断变化的城市特征···········肯·格林伯格　47

第二部分
公共交通发展的案例研究················55
多伦多：公共交通发展的三十年··········杰瑞·皮尔　57
波特兰轻轨的经验··············约翰·R·波斯特　63
波特兰及其独特的传统············格雷格·鲍德温　73
圣迭戈有轨电车···············罗伯特·罗本海默　81
圣迭戈公共交通与规划技术··········保罗·D·柯西奥　89
萨克拉门托轻轨：经验教训与建议········温迪·霍伊特　101
阿德莱德的自动化公共汽车专用道·········艾伦·韦特　107

v

作为渥太华—卡尔顿地区快速公交的公共汽车技术
………………………………………… 伊恩·史黛丝 119
丹佛第 16 大街 ………………… 加里·岑普芬尼希 127
温哥华高架列车 ………………………… L.E. 米勒 135

第三部分
有关实施的议题………………………………………… **153**
公众参与和公共交通规划 ………… 小托马斯·C·帕克 155
基础设施的融资与联合开发 ………… 乔恩·W·马茨 161
公共交通系统的溢价回收与惠益分享 ……… 简·霍华德 171
公共交通车站的联合开发 ………………… 金·库什曼 179
美国阳光地带的公共交通、城市生活和发展
………………………… 安东尼·詹姆斯·卡塔内塞 189
思考 ……………………………… 西蒙·阿特金森 197

机构名称索引 ……………………………………………… 213
地名索引 …………………………………………………… 214
译后记 ……………………………………………………… 216

引 言

西蒙·阿特金森（Simon Atkinson）
得克萨斯大学奥斯汀校区，建筑学院
荣誉教授
Black Atkinson Vernooy 建筑事务所，负责人

最近几十年，大量美国和欧洲的城市都制定了雄心勃勃的快速公交发展计划。这些美国城市大多位于大规模的、密集的大都市地区，然而有个趋势值得注意，那就是中等规模的城市也正在制定或郑重考虑一个同等的公共交通发展计划。面对城市当今的趋势和决策行为，这些计划正被大力推行。大多数美国城市的住宅密度都呈下降趋势，以奥斯汀（Austin）为例，住宅密度的范围为内城区约每英亩（1英亩≈4046.86平方米）10幢住宅到新城片区约每英亩4幢住宅。因此，郊区和远离中心区的商务/零售中心，若使用公共交通服务，显然是不切实际的。

同样，很多美国人都是小汽车使用者，这也是事实。由于美国的汽油价格比大多数其他国家低很多，于是导致人们会有种错觉，认为使用小汽车比乘坐公共交通更便宜。此外，小汽车的方便程度和灵活性也加剧了这种错觉，如此一来，要建立一个公共交通系统发展的有说服力的情境就显得困难重重。与此相关的论据还有：美国的穷人也不放弃开车，他们仅仅是驾驶更破旧和更廉价的汽车罢了。

引 言

推行有效公共交通的更大障碍是外围区主要商业中心的发展。这些商业中心曾一度仅限于发展零售业，而现在这些地方的发展则包括了广泛的办公活动，常常可以与中心区的办公业匹敌。开始投资时，土地价值相对较低，且这类开发能够在进入中心城区前将通勤交通截断，因此在近几年中占到了城市商业增长量的60%。当增长点位于10～20公里外并且以同心圆方式展开时，人们有理由质疑在中心城区布置昂贵的辐射状公共交通系统的意义。

同样，对公共交通的信奉似乎与业已建立的、由城市和区域决策者所展示的官方利益的模式相违背。大多数美国城市的决策模式可被描述为一个非连接的渐进主义。换句话说，问题的"解决"是依托一个分离的和短期的方式，以在最短时间内获得最大的政治利益为目标。

公共交通的发展还面临着一系列不容忽视的、根深蒂固的公众态度。最近，我询问了一位老人对奥斯汀的公共交通有何看法。"呵呵，"他说（他称呼我"小弟弟"，我把这当作一种极大的称赞）："对我们得克萨斯州人来说，我们有'焊接在靴子上的车轮'，不要指望改变我们的习惯，难道你不知道这是先进的国家吗？"在很多城市，这种观点是显而易见的。美国人正享受着小汽车似乎可以带来的解放和自由，并且当话题是小汽车时，我们表现出难以置信的自私。如果你在任何一天早上8点站在任何进入中心城区的公路上，你会看见那些酷爱自由的通勤者，每人驾驶一辆汽车，一辆接着一辆地驶过。

其他的一些观点也反映出对公共交通的偏见。"公共汽车是穷人使用的"意味着公共交通是为另一些人服务的。"如果乘坐公共汽车不太贵倒也没关系，但公共汽车真的是为他们（穷人）服务的"，还有一些评论，"看那些大型的空空荡荡的巴士"。对于公共交通的误解与反对公共交通发展的因素同样重要。

那么，为什么某些城市决定采取其他途径，通过长期的公共交通规划和与之协调的土地利用来统一和连接区域中的重要部分。这是激发写作此书的基本问题之一。在本书中，考虑到反对公共交通发展的趋势，来自不同层面城市的案例研究提供了一个评估公共交

引言

通前景的基础。这些案例研究的价值不仅限于针对"公共交通发展如何帮助城市和区域实现额外目标"这一问题做出公共交通系统建设的决策。其中特别有意义的是正在经历着快速增长并面临着基础设施、地块和建成形态的重组的中等规模城市——一些快速增长是积极的,但很多是面对困境以及对自然环境的践踏与浪费。

如今,在公共交通发展中,有哪些技术选择呢?最简单和最经济的系统之一是开辟在高峰期其他车辆不能使用的公共汽车优先车道。另一种方法是将中心城区的一些特定的街道仅供公共汽车和行人使用。与此相关的策略是将高速公路沿线廊道给快速公交使用,服务于上午的进城客流和下午的出城客流,在通勤高峰时段内为公共汽车提供比小汽车快得多的出行条件(更短的路途时间)。这些选择中的每一个都意味着(公共交通以外的)其他交通要更拥挤一些。从政治角度看,大容量公共交通从私人小汽车那里剥夺了道路空间。

一个非常不同的系统是微型公共汽车的使用,即小型的、"社区友好型"的交通工具,它环绕居住区行驶后,一站直达中心城区。微型公共汽车和出租车几乎拥有相同的便捷程度,并且可比传统公

高速公路内的专用车道给予公共汽车以优先通行权。
得克萨斯州休斯敦市(Houston, Texas)

引 言

微型公共汽车是将人们从居住区接上车并直达运送至中心城区或区域节点的快速服务的一种适度规模的方式。

轻轨车辆与城市街道上的交通相互兼容，并且在中心城区以外利用独立的路权以更高的速度运行。
俄勒冈州波特兰市（Portland，Oregon）的Tri-Met系统

高速轨道和公共汽车系统,以及自动化车辆需要一个通常是高架形式的独立路权。
加利福尼亚州沃尔纳特克里克市(Walnut Creek),旧金山湾区快速公交(BART)车站

共汽车以更长的时间跨度和更大的发车频率运营。

历史上,很多城市都已将各式各样的轨道系统用作公共交通。有一些采用固定轨道,通常位于城市街道内。这些系统的一个主要特征是它们能与内城地区的城市肌理相协调,并且当它们服务于郊区时,可以进入到更加快速和独立的路权上。随着这些系统的发展,新型的、远离中心区的车站已成为房地产开发的启动机,正如中心城区的公共交通和其他道路交通混合的街道所引导的开发那样。然而,这些系统的实施耗资巨大,并且需要很长时间才会有收益。

最后,还有重轨和自动化轨道,为了安全行驶,它们需要完全独立的路权。通常,它们的技术很复杂,并且非常显眼。这些系统的劣势在于将它们从其他城市肌理中分离的成本,以及与自动运行相关的成本。

在审查那些决定发展公共交通的城市中,我们提出了一系列重要问题:公共交通系统是否有效和高效运营?它们能否为城市提供良好服务?公众对公共交通系统的观念如何?它是否在为蓝领工人

引 言

服务的同时也服务于"雅皮士"们（富裕的物质型生活方式的年轻人）？系统能否协调地融入城市中？总之，公共交通将如何影响城市及城市生活的质量？正如本书的论文所展示的，城市和开发利益的结合能产生高质量的环境，同时又能服务于公共交通的需求。于是，生活质量和有关城市未来发展的安全问题就成为最重要的问题。同样还要提及的是公共交通的支付和与公共交通有关的发展问题。

我们的目标是集中讨论与公共交通提议相关的城市维度，与特定系统相关的问题和利益，以及城市经济和城市生活质量的影响效果。这些案例研究并没有给出特定的解决方案，但它们提供了一系列经验。尽管如此，这些案例显然可以证实一个观点：公共交通不仅仅是一个交通问题，它同时还是土地利用、经济发展、城市设计和生活质量的问题。希望这些论文能为那些想知道重大的公共交通发展承诺是否适合于一个城市和区域未来的人们提供一系列基本的思考。

第一部分

公共交通在塑造城市特色中的作用

这一部分的文章描述了美国城市中的交通危机,这些危机是如何形成的,以及我们利用公共和私营的机制使交通运输服务合理化的历程。虽然公共交通的传统挑战是将大量的人运输到市中心或从市中心将他们运输出去,但现在的问题则是将人们在若干个高密度的副中心之间运输。在多伦多的一个交叉口的发展历程表明了协调公共、私人和邻里的利益以及使公共交通政策成为更广泛的规划和城市设计工作的一部分的潜力。

土地开发与公共交通衔接的探究

——回顾过去、挑战未来

金·库什曼（King Cushman）
华盛顿州塔科马市
皮尔斯（Pierce）公共交通委员会
发展和社区事务部主任

尽管增长管理和对城市交通系统进行有意识的设计以助于塑造一个地区的未来，一直是加拿大和欧洲国家长期的传统，但在美国，这种做法却很少被理解，而实践则就更少了。在第二次世界大战之前，美国的公共交通系统还是相当成功的，然而由于越来越多来自于小汽车的竞争，公共交通的使用开始逐步衰退。第二次世界大战期间，"私营的"公共交通一下子变得十分成功，因为政府要求汽车工业停止生产小汽车，随之由政府配给汽油。那是公共交通的黄金时期，一个极其符合供应经济学原理的运营状态。

作为一个信仰公平交易的国家，我们并没有让公共交通产业长期地维持这种"不公平"的竞争状态。然而，对于使用小汽车作为个体交通方式的潮流逆转似乎已经偏离了中心。为了避免未来更加夸张的潮流逆转，我们需要像过去一样，了解为什么要发展以及如何发展，并且在能够为未来发展方向做出明达而理性的选择之前，判断我们是否对结果感到完全满意。为此目的，让我们来回顾过去，检讨一下我们公共交通系统的演变与发展，以及它们在美国城市的塑造和形成中的作用与关系。

随后，让我们来思考一下"公共交通市场"，它包括了城市地区的土地利用特征，并且在很大程度上决定着人们是否愿意使用公共交通服务，但这却是一个几乎不被人理解的事实。无论那些公共交通服务是公共汽车、轨道交通、面包车或是通勤列车等等，这都是适用的。如果公共交通市场拥有"合适"的形态和组成部分，那么几乎选择所有公共交通都能奏效。反之，如果城市形态或公共交通"市场"不合适，那么公共交通将很难变得有效。如果事实如上所述，并且决定在不合适的城市公共交通市场经营公共交通服务的话，那么必须实行令人难以置信的高税收的公共交通运输补贴。国家的很多系统都是如此。

最后，我将带着一些思考进行总结，这些思考是关于在持续不断的开发活动增加"交通堵塞"的程度之前及早制定政策和指明方向的迫切需求，而这种"交通拥堵"正是大多数大都市地区正在遭受的痛苦。这些地区中的很多城市都发现"提前规划"为时已晚，只能在事实发生后被迫进行有效的交通运输与土地利用的协调。

在制定一个适时的土地利用规划时，公共交通和公路运输应得到有意识的思考，但应强调人的机动性，而非车辆的机动性。我们往往会忘记人们可以是驾驶员也可以是行人；最容易忘记这条的是大多数新郊区商业和房地产开发的设计师们。协调交通与土地利用规划所需的努力是十分值得的，这不仅体现在大幅提升机动性、承担义务和增加投资方面，而且也体现在鼓励发展那些让人们生活和工作得更好和更有激情的场所方面。

回顾过去：公共交通与城市发展关系的历史视角

交通运输系统和土地利用在城市的发展模式中一直都是相互依存和相互关联的，然而有意识地试图规划和控制这种关系却远未成为一种科学。通常来说，是自然的市场行为控制着情况变得更好或更糟。历史学家和经济学家往往会列举出在美国演变成一个城市社会进程中的三个既有区别又相互重叠的阶段。

（1）农业时期：城市基本上都是商业港口或农产品交易中心；

（2）工业时期：城市自身转变为产业的经济中心；

（3）最后，在该时期内，我们的城市逐渐扩张，形成更广阔的城市地区，此过程中的经济基础是比重逐渐下降的工业和日益导向化的服务业和信息产业。

美国社会大规模的田园农业时期一直持续到 1800 年代初期。城市是商业活动的小型中心，通常位于水体附近，以帮助水运农产品（值得注意的事实是，即使如今，在北美最大的 100 个城市中，只有 3 个不位于通航河道附近）。早期城市通常都不会超过 20 平方英里（1 平方英里 ≈ 259 公顷）太多，从一边到另一边也仅有 4 ~ 5 英里（1 英里 ≈ 1609.34 米），在这样的城市中，步行成为主导的交通方式。这种规模使大多数人住在从城市居住区边缘到商业中心一小时步行范围之内，在此范围内完成大多数的交易和工作，这与如今典型的 30 ~ 60 分钟的通勤时间相类似。

美国的移民主要受到了获取土地机会的吸引而来。私有制永久业权的保有概念开始出现，并对未来的土地利用政策产生了强有力和长期的影响。正如当下的居民一样，那些"新"美国人并不喜欢或希望对他们土地的使用进行大量的控制——他们中的大多数至今仍然持抵制态度。拥有和控制土地的机遇与他们所离开的土地资源稀缺的欧洲国家大相径庭；对普通人而言，私人土地的所有权和控制权并不是封建制度的一部分。在 18 世纪末，美国 390 万人口中大约 95% 的人住在城外（一个超过 2500 居民的社区被定义为一个"城"）。大多数人都是生活在独立的、单身别墅和小木屋中的农民。早期的城市事实上是由木屋聚集而成的村落，一些较大的城市有时布满民间常用的墙与墙紧挨着的联排住宅。交通运输主要靠步行，或是两条腿走路，或是骑四条腿的马。

城市形成的下一阶段刚好与工业革命同期，另一刺激因素是在 19 世纪第一个十年内，大量的移民进入美国——"一个遍地都是土地的国家"。到美国南北战争时期，近 3200 万人口每人可拥有多达 60 英亩的土地（为比较起见，我们如今的拥有量是人均略少于 10 英亩土地，但这相比于人均不到 1 英亩的印度和 2 英亩的中国而言，还是多得多了）。在这段工业时期，城市呈现出新的面貌，达到了真正的经济目的。美国的工业化引导人口增长进入城市以获得就业。到1820年，接近20%的人口在城市生活；到1860年，城市人口比例上升至约50%。钢结构和机械化电梯等新技术的发展为紧凑而高密度的城市建造令人惊异的新摩天大楼和独特的建筑形式提供了支撑。直到19世纪末期，人们仍然需要住在靠近工作地点的地方。

通常将美国公共交通产业的起始时间确定为1827年左右，那时亚伯拉罕·布拉什（Abraham Browser）在纽约创立了公共马车这一交通方式。虽然它并不比步行快多少，但却为许多人提供了一种全新且受欢迎的选择。公共马车交通系统起初发展缓慢，但在南北战争后没多久，在几乎每个城市中都能见到公共马车。

这一时期，蒸汽机车也繁荣起来，并成为城际交通的主要方式，但其在城市中心区的使用被认为太脏和噪声太大。该交通系统的飞速发展，将整个国家紧密连接在一起，并且在全国掀起了土地开发的浪潮。19世纪铁路产业的快速买卖交易、兼并和收购与近期的放

华盛顿州塔科马市马拉的"固定轨道"的公共马车
由华盛顿州历史学会（Washington State Historical Society）提供

松对航空业管制的后果相类似。1870年,"普尔曼酒店快车"(Pullman Hotel Express),一列精心装备的华丽老火车,离开波士顿,成为跨海岸旅行的首列火车。

城市公共交通运输的下一个形式是缆车。这一技术有其缺陷,尤其是缆绳断裂或刹车"抓手"失灵所带来的安全问题。但是缆车系统提供了一种在繁忙街道外的固定位置使用蒸汽动力的手段。这些系统能将缆车在城市中心区向各个方向开出5英里,但它并非适用于每个城市。相对均衡的坡度以及温和的气候条件,在该系统有限的成功中发挥了重大作用。在19世纪70年代,缆车在旧金山获

曾经有一段时间,小汽车与缆车、有轨电车在像塔科马这样的城市中混行。
由塔科马市华盛顿州历史学会提供

得成功，并且它们仍然是作为一个独特的历史标志物和运营中的公共交通系统的一部分而发挥作用的。

到了19世纪末期，用来支撑城市新工业经济的、可广泛利用的市政电力，同样引发了城市交通运输系统的快速扩张。第一次伴随着有轨电车的城市交通运输的发展和扩张于1884年出现在克利夫兰（Cleveland）和里士满（Richmond）。使用"清洁"动力的电车运营成本更低（只需5美分，公共马车需要10美分），于是电车在几乎每一个人口超过2.5万的城市迅速崛起，并由私人经营。1890～1920年间是有轨电车的"黄金时期"，在此期间，电车乘客量从每年20亿人次攀升至155亿人次。这个数据给人印象深刻，因为在1986年末，美国公共交通协会（American Public Transit Association，APTA）自豪地公布，年乘客出行总量大约80亿人次，达到1920年出行量的一半。而且，1986年的数据包括了所有四种公共交通系统，公共汽车和轨道交通均统计在内。美国历史上"最高"的公共交通乘客量出现在1945年，那时小汽车和汽油供应都非常少，将近190亿人次的乘客都是由大容量公共交通系统运输的。

到了1900年，有轨电车系统轨道像轮辐一样从中心城区伸展到城市边缘地区。这些即是早期的"放射状导向"的城市，它们通过有轨电车将人们运送到外扩的居住地区，即早期的郊区。那么在19世纪与20世纪之交，是什么促使人们想要离开中心城区呢？虽然在当时的世纪之交曾听到过很多关于"过去的好日子"的回忆，但事实上，对于大多数在血汗工厂和出租屋中长期逗留的劳动人民而言，日子却一点都不好过。共同的问题是肮脏、贫穷和拥挤，因此努力工作以逃脱这样的恶劣环境非常值得。雅各布·里斯（Jacob Riis），一位纽约的住房改革者抱怨道，在19世纪末期，纽约的下东城地区（Lower East Side）每平方英里上居住着29万人！纽约的密度现在已降到每平方英里仅有2.35万人（相比而言，达拉斯、休斯敦和西雅图的密度分别是每平方英里2700人、2900人和3400人）。

在世纪之交的纽约，这种可悲的状态一旦量化就显得非常生动。在19世纪末期，马车依然是个体交通和城市货运的主要方式（汽车直到大约 1920 年才初次在市场上露面）。在这之后才有了区划，才有了公众健康标准的需求被认可。据报道，每天有 250 万磅的粪便和 6 万加仑的尿液被倾倒在纽约街头；每年有超过 1.5 万匹死马从街上被拖走。就人的绝对数量而言，纽约可能是最糟糕的案例之一，但在当时，这种可怜状况在大多数工业城市中同样存在。这种萧瑟的场景使我们能够理解为什么如此多的人有着在远离城市中心区的逐步扩张的居住开发地带寻求更好生活的动力。19 世纪与 20 世纪之交的公共交通系统帮助人们实现了逃离恶劣的工业城市条件的愿望，并且开拓了随后快速跟进的公共交通与土地开发的衔接。

公共交通对早期"郊区"的贡献

到第一次世界大战时，美国城市正处于分散化阶段。新郊区的发展范围已延伸到离中心城区 10~15 英里的区域。在全国各地扩散的电车系统使进入城市中心区的更长通勤距离成为可行和常见的日常事务。由于这些电车的平均时速为 8~15 万英里，乘车者须忍受长达 1 小时的通勤时间。交通拥堵的开始是显而易见的，但到了 1910 年，拥堵在很大程度上仍然是由于无数有轨电车在城市中心区街道上争抢空间。

城际电气化铁路的推进者和土地开发商有着共同的经济利益，他们开始联手，加紧为乘客和房地产销售方提供一个竞争激烈的市场。在芝加哥，在 19 世纪与 20 世纪之交有 15 家独立的电气化有轨电车公司竞争中心区的空间。这些铁路和土地方的合伙经营，相对于协调公共交通服务而言，通常对由土地销售而获得的利润更感兴趣。愈发严重的交通拥堵和在繁华的城市街道上争夺空间致使城市工程师、规划师和市政管理者着手寻求将电车从行人、马匹和小汽车中分离的方法。在芝加哥，他们把电车高架起来，于是在历史和文学中，"L"（高架的电气化铁路）开始占有一席之地。纽约则在 19 世纪 90 年代将电车置于地下运行，这就是目前广泛运行的地铁系统的初期建设。

到了 20 世纪 20 年代，对有轨电车专营权的市政管理与汽车大批量生产的开始相结合，减缓了电气化轨道系统发展的步伐。它也减少了随这一时代的政治而出现的一些丑闻，因为有轨电车运营商经常贿赂官员以获得专营权。电气化铁路集团的公共交通与土地利用权益的合并提供了来自土地销售的利润，而这些土地销售多年来都支撑着给私营有轨电车公司的隐性经营补贴。洛杉矶的一位知名企业家，亨利·E·亨廷顿就曾利用了发展中的有轨电车运营，他的集团在圣费尔南多山谷（San Fernando Valley）购置了5万英亩的土地，在轨道运营期满后，成为在洛杉矶土地开发热潮中的一大玩家。亨廷顿的太平洋电气化铁路公司（Pacific Electric Railway Company）成为世界上由个人所有的覆盖面最广的城际铁路系统。到20世纪40年代，据说洛杉矶地区在运营的有轨电车线路超过1400英里。臭名昭著的洛杉矶"蔓延"最初是20世纪前40年公共交通的产物。电气化轨道系统像一张网一样，从洛杉矶的核心地区伸展到圣费尔南多和圣加布里埃尔山谷（San Gabriel Valleys），以及沿海的城镇，向东南则延伸到奥兰治县（Orange County）。

小汽车化和道路建设的兴起

1920年，亨利·福特（Henry Ford）和他著名的"T"款车在商业化大批量生产的汽车市场上引起全世界的轰动。他在1913年以超高的600美元售出了第一辆汽车，但到1923年价格已降至393美元。雪佛兰（Chevrolet）也学样，并且降低其价格，这样做的还有其他雄心勃勃和具有吸引力的竞争者，如奥夫兰汽车公司（Overland Motors）等。小汽车开始和电车争夺街道空间，并不断释放出对拥堵和电车速度之慢的抱怨。美国人对个人机动性和速度的热衷由此拉开了帷幕。随着工作的男性可获得买得起的汽车（女人们仍然普遍居家），以及郊区更多的土地被用于房地产开发，更多和更好的道路建设的压力随之而来。

最终，在塑造开发模式和影响商业形式方面，道路建设比公共交通发展起到了更大的作用。有时我们认为美国联邦政府仅在20世纪后半叶才参与了公路计划和政策的制定。令人惊讶的是，早在1797年，新成立的国会批准了一项被称为"国家收费道路"（"National Pike"）的建设，以连接东部地区主要的人口中心。到了1830年，尽管按照现今的工程技术标准来看非常粗糙（基本上是泥土，混杂着一些鹅卵石或砖表面），当时是为"原始"的交通方式（马匹、马车或步行）所建造的，但建成的公路有大约2.7万英里。由于一些寻常的有关各州权力的争端，联邦政府的参与一直暂停到1916年。1916年和1934年的《联邦公路援助法案》（Federal Aid Road Acts）实际上成了如今广泛的公路建设计划的先驱。1916年的法案被视为一个里程碑，因为它界定了一种当今依然使用着的国家交通运输计划的筹资方法和策略；它要求形成一个国家计划来分配和管理每个州的公路项目建设的规定资金。

随着那些联邦公路援助法案兴起的是第一次大规模投入国家公路网建设。20世纪30年代大萧条时期的"新交易计划"（New Deal programs）引起了县级公路和城市道路的扩张，以支撑增长的小汽车交通量。第二次世界大战的到来可能暂时减缓了道路建设的力度，但并没有削弱道路建设的愿望。

历史光环的折射使我们有了后见之明，我们现在对大量道路建设对城市地区的形态所施加的最大影响有了更深的理解。然而，在19世纪与20世纪之交以及整个20世纪50年代，拥有当代智慧的大多数城市规划师和工程师们对小汽车有助于城市"健康"发展寄予极大信心并极力推动小汽车发展：更多地使用小汽车将缓解中心城区的拥堵，减少社会混乱和使居住分散化。芝加哥伯纳姆规划（Burnham Plan）是基于对小汽车需求量的预期而判定的更为雄心勃勃的规划之一，主张在20世纪初广泛形成环形和放射状的道路网络。尽管他走在了时代的前列，并且显然没有意识到小汽车即将产生的问题，但伯纳姆更有远见的贡献是他试图用一个道路规划来引导土地利用，而不是仅仅对现状进行反馈。在西雅图，一个叫作维吉尔·伯格（Vigil Bogue）的人在1911年提出了一个重大的道路设计，该设计被认为能真正地容纳大量汽车——一条300～500英尺（1英尺=0.3048米）宽的滨水大道和其他160英尺宽的城市大道，这明显比西雅图和其他大多数城市最终修建的适度的60～100英尺宽的主干道要雄心勃勃得多。

在1915年美国规划会议上，一位欧洲访客在有关小汽车和公共交通的问题上支持一个相反的并且或许有预言性的观点。来自柏林的沃纳·海格曼（Werner Hegemann）博士指出，小汽车正将美国城市居民分化成两个阶层：驾驶小汽车而非骑马的"男爵"们和依赖公共交通运输的"普通市民"。他担心一旦那些富裕和更有影响力的阶层接受了小汽车，他们将变得几乎没有动力来确保公共交通运输的提升。海格曼认为促进小汽车发展将伤害到公共交通，并且普通大众的生活空间将局限于城市中心区，在那里有轨电车可为他们提供最好的服务。当时是1915年。

向基于服务业和信息产业的经济转变：小汽车、公共汽车、小汽车、有轨电车、更多的小汽车

在第二次世界大战后的大约40年内，美国经历了经济和人口增长特征以及区位的重大转变。这些重大变化重塑了我们的城市和城市化地区。经济上，我们从20世纪上半叶的工业基础占绝对优势转向一个更全面的基于服务业和信息产业的经济。这与在19世纪初期从农业基础的社会转向工业社会相似，对美国人的生活产生了意义深远的影响。去工业化，与开始于20世纪50年代的全国大规模道路建设计划相结合，使大量分散化的居住和商业开发的增长分布于整个扩大化的城市化地区的更大范围中。联邦税收的减免甚至加剧了住房的蔓延。

在20世纪50年代和60年代初，大多数地方政府之间形成了一个可理解的支持态度，认为增长，几乎任何地方的任何增长，对经济和税收基础而言都是有利的。既然增长总会发生在某个地方，为何不是在各自的城市、乡镇、县或者教区？至少可以说过去40年的分散化发展以及对郊区和乡村土地的蚕食是触目惊心的。让我们来观察一下标准化大都市统计区（Standard Metropolitan Statistical Areas，SMSAs）。这些大都市统计区是被定义为拥有至少有一个达到或超过5万人口的城市的一个或几个县。在1960年，美国有215个标准化大都市统计区，到1970年增加至273个。在同样的273个标准化大都市统计区所定义的城市面积在1970年到1980年之间增长了超过38%，从35090平方英里增加到48465平方英里。城市和城市化地区相应的人口密度，经历了一个连续下降的过程，尽管人口数本身依

然在增长。1920年，城市化地区的人口密度是每平方英里6580人，到了1960年人口密度降至每平方英里4230人，到了1980年则为每平方英里不足2000人。

几乎毫无例外地，伴随着美国在过去几十年的这种扩张环境的是周密构思的土地利用规划和增长管理政策的缺失，而这规划和政策可能会引导和指引这些大多数是非工业增长的空间或地理位置。这个增长管理或引导的缺失可能是随后大多数私人拥有的公共交通系统、有轨电车和城市公共汽车系统衰落和消亡的第一大原因。并且由于大量的城市化地区仍然没有认识到公共交通系统的生产力和绩效与城市土地利用密度和形态之间的关系，这也是引起我们对目前公有制的城市公共交通系统的生产力和绩效下降表现出幼稚的惊奇的主要原因。

请注意我并没有任何暗示我们需要停止或者甚至放慢增长的意思。如果我们制定明智的规划以适应、支撑和管理发展，那么增长可为经济和公共交通系统做出杰出贡献。经济的增长和发展对地方和国家的经济和税收基础而言是必不可少的。然而在那些将商业视为我们社会健康的关键因素以及仍然有足够的智慧为所有相关人员的更大公共利益来管理和促进这种增长的城市化地区，增长就变得更有活力和更加有效。亚特兰大和波特兰是美国城市中有着区域协调规划的长期传统并且试图将土地利用和公共交通规划紧密结合，在"以人为本"的环境下获得创新发展的极佳案例。尽管该规划方式在加拿大和欧洲城市已成为一种盛行多年的传统，但我们对自由放任和"先锋"精神的信奉并没有对土地控制的观念表现出赞同。

美国公共交通的变化特征

令人惊讶的是，许多学者、政治家甚至是交通运输专家们仍然认为"私营"的大容量公共交通的淡出（尤其是旧的有轨电车）是出于以下三个原因之一。第一个观点，他们认为，公共交通的衰退应部分归因于20世纪50、60年代的劳动力工资率的上涨，从而导致成本推动价格螺旋式上涨，当公共交通公司需要抬高价格来消化增长的成本时，乘客量就减少了，如此循环，于是失去越来越多的乘客，也破坏了系统的生产力。持"淡出"这一观点的一批理论家还声称协调程度低劣的或无效的区域规划并不能在较大的城市化地区整合多样化的交通系统。

第二个观点是出于时代发展现实中的择优发展。城市被指责启动了它们自己"公有制"的公共交通系统，通过公开补贴公共交通运营和赶走私营企业的方式与私营部门展开"不公平"的竞争。第三个，也是迄今为止这三种谬见中最华美的，是过去的"阴谋"理论。很多人认为美国的电气化铁路完全是被通用汽车（General Motors）和标准石油（Standard Oil）的阴谋集团"干掉"的。通用汽车集团想要出售公共汽车和小汽车，而标准石油公司则想要为它们提供汽油。

这些有趣的理论都忽视了发生根本性改变的公共交通市场本身，一个导致非常不公平的竞争环境的变化中的城市形态。自第二次世界大战以来，在美国，作为个人出行选择之一的公共交通的竞争地位相对于小汽车而言，相当于将一个穿着紧身衣戴着眼罩的运动队送到竞技场上，然后抱怨运动员的表现不佳，效率低下。的确是由于竞争条件，城市环境的特点，即公共交通的市场，封杀了美国"公共交通队伍"的命运，并有效地确保了其结果的相对不足。

上文中我已提及，在战争过程中出于国家利益考虑，政府在第二次世界大战期间肆意地将公共交通从与小汽车的竞争中驱逐出去。战争之后，政府继续在不经意间，从根本上使竞争环境不平衡，朝着相反的方向发展了40年，政府在此过程中起到决定性作用。反映当代价值的政府计划和政策以及那个时代人们的意愿对于美国城市化地区和郊区的发展模式产生了令人难以置信的长期影响。增长管理心态的缺失，连同一些其他的政策和计划一起，造成了一连串的负面影响，损害了美国大多数的公共交通运输系统的健康发展及其生产力。

另一个市场的根本性变化是（到现在仍然是）补贴住房和蔓延的国家政策。当政府在第二次世界大战以后通过了一个国家政策，在房主通过联邦住房和美国军用贷款计划支付抵押贷款的利息时提供税收优惠，这时，城市公共交通市场的第一次挫败出现了。它造成了开发更多的土地和建造更多道路的压力。由于这先于多单元住宅——即今天所说的公寓——所有权共享的时代，我们从本质上为拥有"美国梦"（即独户、独立房屋）的购房者提供了经济动力。该房主为他们的抵押贷款所支付的利息的税前扣除部分以前是，现在仍然是每年超过400亿美元的联邦税收补贴，这些仅房主可以享受到。该规定在1987年《税收改革法案》（Tax Reform Act）的早期草案中几乎被里根政府全部删除了；我们在国家层面越来越接近于随意的土地利用规划。

享受税收补贴的房主融资随着第二次世界大战后第一波"婴儿潮"的到来而出现，这推动了一个前所未有的建设时代，还需要去减缓在更便宜的郊区或通常是农村土地上的大规模房产开发。这个美国独一无二的，全国性的"仅对房主适用"的税前扣除政策，对那些留在城市中租房的人而言，有着一种经济处罚的效果。那么在几十年后，是谁会被留在中心城区乘坐电车和公共汽车，为支撑公共学校和服务支付税款，并光顾那些中心区的商店和零售业呢？除了一小部分富裕的家庭继续居住在许多老城中心区边缘的美丽、宽敞的旧社区住宅中，其余大部分都是被抛弃在城市中心区的穷人们。他们依然无法承受得起郊区的"美国梦"，也买不起汽车开到那儿去。他们没钱去维护社区，或者说也谈不上拥有自己的社区，也无法充分地支撑市中心的商业，而这些商业，通常来说，尽管略带有歉意的，都随着资金流向了郊区以重新选址。在第二次世界大战结束到1970年的25年间，有超过5000家新购物中心建立在郊区社区中。

公共交通市场发生的第三个根本性改变是随着州际公路的建设而出现的。为进一步恶化城市现状，美国在1956年创立了联邦公路信托基金（Federal Highway Trust Fund）。该公路计划成了资助房屋贷款计划在交通上的必然结果。它提出要新建4.25万英里的州际公路，使那些能承受得起逃离中心城区的人能方便地出行，能在郊区购买补贴住房，能回到城市工作。该1956年公路计划的立法成为世界上有史以来承担的最大和最雄心勃勃的公共工程项目之一，贯穿全国、连接各地的由混凝土和沥青堆起的一项令人难以置信的公共投资。

联邦州际公路计划最初的构想始于1944年，但直到1956年艾森豪威尔时代才得到了资金保障。当时打算将它作为国防系统的关键构成部分，以确保城际的后勤可达性和全国各地的连通性，它起初也是被定位为城际公路系统，而不是城市内部的公路系统。几年以后，在很多州，当像丝带一样的公路开始展现在我们面前，消耗了城市的大片土地，通常是将低收入社区分裂和迁移，公路穿越公园和旧的历史建筑，此时，这个有充足资金支持的公路计划成了政治催化剂，促成了1968年的《国会环境保护法案》(Environmental Protection Act of Congress)，这是在城市地区最小化或避免进一步负面影响的一大努力的成果。通过城市土地与交通系统发展的综合与协调的增长管理来驾驭这样问题的概念和政治意愿在美国还并不被接受，也没怎么实施过。这项全国公路计划每年的资助额度在50～60亿美元左右，那么在该系统完工之前，成本和税收将轻松突破1000亿美元。要充分地保养、维修和改造这个现今已老化但又是必不可少的交通网络，以确保它作为城市基础设施一部分的持续经济可行性和可靠性，将会需要更多的税收。

有效转变增长方向的土地利用规划的缺失，几十年无节制城市蔓延的资助房屋贷款计划，以及为使用小汽车独立出行创造的前所未有的机动性的大规模联邦公路计划，三者的累积效应对于城市基础设施来说是颇具戏剧性和令人咋舌的。对于公共交通而言，生产力服务的城市市场与简单的单中心城市的"黄金时期"已经非常不同了，当时的放射状公共交通系统服务的是更小和更紧凑的城市，相互之间没有什么实质性竞争。

市场上的另一个变化是"公共交通不友好"环境的发展。在20世纪50、60年代，城市地区在形态和增长方式上正经历着巨大的变化。那些新的其至通常是有"围墙"的，带有尽端路形式的大片住宅区的空间布局形式，如果不说不可能，也可以说很难让公共汽车进行方便的服务。很多中心城区的商人放弃了城市中心区，转而在郊区寻找新的市场。在整个城市地区，商业开发看似随意散布在沿着主干道和公路的商业带上——通常这些道路是没有人行道的——以及在多个新的中心，这种布局对于有运营能力的公共交通而言，着实是一个真实的挑战和一场必败之仗。这些新的发展形态完全是小汽车导向的，对于行人，尤其是对于那些残疾人士而言，是颇不友善的。转变的增长和出行方式最终在生产力方面导致了最为传统的放射状交通系统的垮台；它们并没有也无力应对新的城市形态。大多数公共交通系统继续集中在中心城区的枢纽，并且象征性地、低效地服务着剩下的人们。

在城市市场上的上述一系列变化的累积效应成为"私营"公共交通的消亡原因。在1940年，美国1000个公共交通系统中仅有2%是公有的。到1980年，1047个公共交通系统中超过55%为公有的。在20世纪50、60年代全国几百个城市的私营城市公共交通系统的衰败和系统相应的公开收购和补贴实在是太普遍了。越发增长的分散化人口和不断蔓延的郊区导致了公共交通市场恶性的螺旋式下降，并且开始了"私营"城市公共交通的终结。于是事情就这样进展：乘客量和车费收入的下降，导致票价的提高以弥补收入的损失，因票价上涨而导致乘客量进一步下降，更多的人搬到郊区去，进一步削减服务来抵消运营力和票价收入下降。最终，城市中的私营公共交通要么破产，要么被为支撑或"全部收购"有问题的私营公共交通系统而提供的新的地方税补贴所拯救。人们不公平地批评和攻击他们所在城市的私营或公有的公共交通系统，说它们并没有卖力地"干活"或"盈利"（即使是私营的，公共交通票价通常也不是公共交通系统的利润来源）。城市的公共交通市场已经发生了变化。它再也不可能和以前一样了。公共交通也同样必须开始改变。

城市将美国国会引入公共交通领域

在20世纪50、60年代，大多数城市都丧失了"私营"城市公共交通系统。城市要么开始用公共资源补贴它们，要么就完全失去了公共交通服务。在同一时期，城市成了抗议、公民权利运动甚至暴动方面等重大社会动荡的焦点。联邦政府被要求对城市社会、经济问题以及持续增长的环境恶化"采取一些行动"。稳步推进的国家公路建设计划的每年数十亿美元的投资与对城市公共交通系统"不支持"的记录形成鲜明对比。国内城市在国会面前责备城市公共交通系统的弱化、衰败和混乱，而联邦政府的反馈则是1964年出台的《城市公共交通法案》(Urban Mass Transportation Act)。由于使用住房贷款计划资助城市蔓延颇具讽刺意味，该法案在美国住房和城市发展部（Department of Housing and Urban Development，HUD）兴起了公共交通计划。当时对可能的土地利用衔接并不存在正规的理解，住房和城市发展部仅仅是联邦政府的"城市"部门。

到1968年，国会授权了联邦的重组，并且在都市公共交通管理局（Urban Mass Transportation Administration，UMTA）的基础上创建了美国交通运输部（U.S. Department of Transportation）。在1975年以前，所有城市交通援助资金都被限制在投资方案上。在20世纪60年代后半期和70年代初期，联邦资金的大量注入开始流向城市，开始收购除了完全破产以外的一些私营交通系统，并对公共汽车、轨道车辆和其他资本设备进行更换和升级。但是公共交通系统的乘客量依然在下降。在同一时期，一些有远见的城市（或者如一些人当时所说，有勇无谋的城市）——旧金山、亚特兰大和巴尔的摩——通过了地方税收措施，以启动建设全新的高速轨道交通系统，来提供与小汽车具有竞争力的选择，并且寻找维护和振兴它们的核心地区的方法。华盛顿特区，同样也加入了建设新高速轨道系统的行动之中，但没有采用相同的地方税收措施，而是对国家首都采取独特的"国家级"承诺。无论人们如何看待这些系统，它们都在城市中发挥着重要作用，在华盛顿特区每天运送着多达50万的乘客，并且在当地区划支持的帮助下，吸引了围绕车站地区更高密度的开发。

顺便提一下，在1950年左右，随着第二次世界大战后的婴儿潮，大多数美国大城市都到达了人口增长速度的顶峰。在20世纪50年代，一大批退伍的美国兵正完成他们的中专或大学学业，扩大他们的家庭，进入了就业市场，购买小汽车并外迁到新郊区生活，并且用税收补贴的抵押贷款购买那些"不会降价"的美国兵贷款家园。20世纪50年代以后，得益于不断增长的州际公路网络，大多数美国大城市都开始呈现出人口的稳步下降。在1960～1970年间，美国最大城市中的15个经历了人口净减少。由于城市地区仍然没有将人口减少、郊区增长和开发，以及公共交通乘客量的下降三者进行直接关联，美国公共交通运输业简单地坚持上文所述的是三个"谬见"之一，以理顺他们的问题。

经历了 20 世纪 70 年代前几年的众多研讨和争议后，国家对美国公共交通问题的诊断结果是做出一个大规模的承诺来处理公共交通持续困境的症状，而不是针对它的原因。我们开始将联邦资金投入到解决问题中。有人认为我们需要控制甚至降低票价以吸引乘客回到公共交通上，但这种方法无法抵消运营成本。解决的方法是来自联邦层面的运营补贴的注入，因为地方税收补贴要么不存在，要么就不足以抵消成本。在 20 世纪 70 年代曾做过一些有趣且昂贵的试验以验证"低票价吸引乘客"的理论，但这些试验并没有证明是成功的，通常最后被放弃。低票价可能在经济上更具吸引力，但这并不是将人们从汽车中脱离出来所需要的激励手段。低票价仅仅进一步补贴了那些已经在乘坐公共交通的人，因为他们几乎没有选择。

联邦政府对地方公共交通运营补贴的开始，虽然在恢复公共交通的乘客量方面没获得什么成就，但对美国公共交通运输业快速的劳动力成本上升做出了重大贡献，而这种上升率远远超过了消费物价指数（Consumer Price Index）或任何其他通货膨胀率的指数。不幸的是，这种由城市和地方公共交通官员所倡导的联邦公共交通补贴令人遗憾地引入了一个国家的"财大气粗"的窘境，该境况从本质上有效地将那些相同的地方官员和公共交通管理者从"底线"影响中剥离，而这些人需要这样的影响力来令人信服地在政治上维持劳动力成本的现状，这些劳动力成本正是公共交通系统运营成本中的最大组成部分。

里根政府为消除这种运营补贴而受到的挑战和所做的努力，虽然不算成功，但已使之开始符合实际的成本。虽然这显然不是我的公共交通行业同事们普遍持有的观点，但最终能给当地制定政策的官员和管理者更多真正的控制和激励机制以提供更有效和更具运营能力的公共交通服务的最好想法之一是彻底消除联邦政府对公共交通的运营补助。我采取这样的立场，是因为它将要求我们所有人更像一个真正的、富有成效的公营企业那样看待和运营公共交通运输业。我们不得不放弃寻找外部支援以弥补一些为分散和扩张的城市市场服务的固有缺陷。可能到那时，我们将开始注意到土地利用的影响和布局，并且开始合作，以形成土地开发、公共交通系统，以及为公众提供真正的机动性选择的服务方面的管理政策，这种合作不仅在现在，还要持续到21世纪。

公共交通市场

什么才能使公共交通运输得到好好利用，并且有效和高效呢？答案就是一个经常用来描述公共交通的术语——大容量公共交通。本质上，公共交通应当遵循与任何事务和企业中执行的相同的市场经济原则。公共交通事业的目标其实很简单，就是尽可能多地实现人的移动。每辆车，每小时或每公里的公共交通服务能够运送的人越多，它就越有效和越具生产力。当接送乘客时，无论是从家中、工作单位或是在外部购物地点，乘客人数越密集，每提供一个单元的服务所运送的乘客数量越多，那么就会得到更多的收入，公共交通系统也将变得更有生产力。

富有成效的"市场"因素[①]

以下是三个最为关键的促使公共交通富有成效的土地利用或开发因素。当我们在看待这些因素时，记得回顾那些曾经有效或无效的有关公共交通的历史性描述。

居住密度：该指标通常是用每平方英里或每英亩土地上的净居住密度来度量和表征。要支撑地方社区的公共交通服务，最低门槛为每英亩上7户住户（居住单元）或每平方英里上最少有2400～3700人（推荐使用较小的土地丈量单位，如"每英亩"，因为分析和运营服务规划将更加真实、更有意义和更容易理解）。当密度提升至每英亩30个居住单元时，可以发现公共交通的使用率是原先的三倍；当每英亩上达到其至超过50个居住单元时，公共交通的乘客量就能超过小汽车乘客量。但这并不意味着密度较低的地区就不需要有公共交通服务。由于大多数郊区每英亩土地上仅有2～4户住户，让大型公共汽车进入这种社区是对时间和金钱的浪费。作

[①] 我想赞赏和推荐在这个课题领域的精彩文献，名为"通过有效的土地利用措施鼓励公共交通"，该文献由麦德龙·西雅图（Metro Seattle）于1987年5月撰写

为替代，这些低密度郊区开发地带的人们可以使用小汽车去接驳公共交通系统。可以在与公路、高载客量的汽车道或公共交通专用道（公共汽车或轨道交通）的良好接入点处设置方便实用的停车换乘设施。当住宅不是高强度集聚在一起时，为使公共交通系统富有成效，应当提供类似于停车换乘设施的场地来鼓励人们集聚起来，但这种集聚是按照他们自己的时间，而不是根据公共交通系统的时间。这样的话，公共交通系统可以满载地启动，提供相当快速的、高质量和富有成效的服务，即使是在低密度的地方也可以实现。

能允许所有的居民方便地步行很短距离就能到达公共汽车站或轨道交通站点的更好的住宅开发设计和布局是可以实现的，这将大大提高公共交通的有效性。地方政府应当要求开发商和设计师认真地为行人做规划，并且准备好能兼容其他到达方式的设计方案。对许多地区而言，甚至统一要求建设人行道，这也是一项巨大进步。

就业密度：公众是否愿意乘坐公共交通更多地取决于离开家以后的出行端另一头的密度大小。在城市形态中，一个富有成效的公共交通运输市场的真正收益来自于活动中心——就业岗位或大学生的集聚地——无论它们是位于繁华大都市的核心还是边缘地区或郊区活动中心。这些中心能吸引到可观的公共交通乘客量的最低就业/学生聚集度的要求是在那些中心地区有就业岗位的土地上达到每英亩至少 50 个或总量超过 1 万个就业岗位。当涉及大学地区时，在密度和公共交通有效性的测算中，"学生数"和"岗位数"往往是可以互换的。在西雅图华盛顿大学周边地区，每英亩上有大约 65 个就业岗位，该地区的就业岗位总数是 4.2 万个。西雅图中心区每净英亩上有大约 710 个就业岗位，总职工数为 13.7 万人（到 1980 年底，在中心城区的核心区内，西雅图地铁公司（Seattle Metro）采用公共交通方式运送了大约 40% 的工作出行者。它是一个拥有强大的适应低密度外围郊区停车换乘设施场地的全公共汽车系统，大约有 41 个停车场，略少于 1.2 万个停车位）。

我所在的西雅图以南 35 英里的塔科马公共交通服务地区，仅有一个真正的活动中心能达到这个定义的密度，那就是塔科马中心城区。在该中心，我们开发了一个有效的公共汽车路线"定时运输"系统，服务于中心城区以外的多个郊区中心。这是使公共交通更富有成效和服务一个蔓延的郊区县真正分散的出行模式的方法之一。我们在管理该系统的过程中非常强调其生产力和绩效。在高峰小时我们使用约 110 辆公共汽车运营在 41 条线路上，我们在 275 平方英里的服务范围内每年乘客量达到大约 1080 万，而该服务范围内的总人口数约为 43.5 万。这可以折合成全系统每运营小时的年均运送乘客量约为 29 人。

我们很大一部分服务区域是位于类似农田和森林地带的低密度地区。我们的系统通过使用多中心线路网服务位于聚集的活动中心的五个附属交通中心来达到其可观的生产效益；这些活动中心分别是区域和社区购物中心、社区学院等等。至少是现在，该模式量身打造的服务适合于分散化的郊区密度。前三个中心是小规模的，并且成了"联合开发"的范例。它们是在从一个国家商业中心的开发商、州政府（在一个社区学院用址上）和另一个地方公共机构获得的 1~3 英亩的土地上进行开发的；每一个都以每年 1 美元的价格出租 20~30 年。其他业主们都看到了在土地上存在公共交通的好处。这种在分区中心服务的定位同样提供了显而易见的契合点，围绕着分区中心可以制定一个土地利用规划，以试图创造最佳的更高居住和就业密度，这样的密度对于吸引更多的乘客和对运营成本更大的票价回馈而言是必不可少的。

停车费用和停车管理：该因素随着就业密度的增高而变化。在如美国的波特兰、旧金山和西雅图以及加拿大的卡尔加里、多伦多和温哥华这样的城市，公共交通已越来越多地吸收和消化了就业增长的出行需求。这些城市现已在中央商务区区划条例中加入了"最大"可允许停车数的概念，这对于城市及其公共交通系统都带来了积极的效果。在仍允许经济和就业增长的同时，停车限制通过将更大的出行需求转移到城市公共交通系统中，使小汽车交通量和拥堵程度最小化。与公共区划政策一起，城市正在管理停车需求和提升中央商务区环境的质量和满意度。

有些城市，例如迈阿密，在该领域做得较失败。它们要求使用更多的沥青和混凝土来供更多小汽车行驶和停放，由此击败了它们自己的公民在公共交通方面的投资，这是将停车政策、停车管理与交通和土地发展政策相脱离的愚蠢结果。这种缺乏远见还不仅仅限于城市。在我所在的州——华盛顿州，我们不时地从州立法机关那里得到一个常规级别的有关一些小型公共交通运输系统的有效性和生产力的审查。当然，具有讽刺意味的是，立法机关和所有州政府雇员惯例性地一直以来就在州议会大厦（State Capitol）综合体内部或周边享受免费或低价停车。在一个停车构筑物中每个车位的成本为 1～1.5 万美元，这相当于给小汽车停放的一大笔公共税收补贴，并且它削弱了服务于州议会大厦的地方公共交通运输系统的有效性。我们两年多以来都在努力使州政府对停车政策的重要性和为小汽车共乘和中型客运共乘建立价格刺激的需要敏感起来，并且试图为在州议会大厦工作的人发放公共交通乘车券来降低停车场地开发的公共成本和鼓励乘坐公共交通。

我并不建议取消停车或将所有的停车都视作公共交通发展不佳的问题所在。确切地说，我主张尽可能减少员工在那些已经拥有公共交通服务或有共乘潜力的中心城区或其他活动中心的长期停车。鼓励和认同商业或零售业附近维护和发展使用咪表或能有效执行时间限制确保不被滥用的短时间停车的经济效益是可行的。短期停车是非常符合私营机构雇主利益的。但他们并没有从为员工所建设的每个停车位 0.1～1.5 万美元造价的停车场中获得回报或利润。

当代城市商区的发展趋势

当代发展趋势的症状、现实和后果是众所周知的。每天，我们都经历着、看到或者听到它们的各个方面，例如："交通拥堵正在变得越来越糟糕——为了避免交通堵塞，今天上午就待在家里！"这似乎是通勤者在小汽车的广播里到处都能听到的报道主题（当然，是由空中记者，因为他们是唯一可以在如此大片土地上自由移动的人）。开发项目在一年里大量兴建，然而下一年仍然有很多项目空缺。我们的经济正在变得越来越国际化、越来越相互依存、越来越少与简单的国内市场的陈规旧矩相关联。

甚至连《华尔街日报》(Wall Street Journal) 和《大西洋月刊》

（Atlantic Monthly）都在报道越发严重的郊区交通拥堵和全国公共机构正在采取的创新而又饱受争议的缓解交通拥堵的方法。这些观念包括如开发费用、交通管理条例、支付给公共机构的有关抵消某个开发造成的交通影响的有关道路交通或公共交通改善的交通"费用"，或对新开发项目提出详尽的共乘要求等方法。洛杉矶的一个开发商给州交通运输部门（State Department of Transportation）付费，以建造一条新的高速公路匝道来减少计划建设的新高层大楼预计带来的地方性交通影响。

《洛杉矶时报》（Los Angeles Times）最近报道一些高速公路早晨和下午的高峰时期开始混合到一起，全天都堵车，中间没有间断。交通拥堵看起来比人口增长率增长得更快。一些"交通界官员"表示现在高峰时段需 1.5 小时的高速公路路程到 2000 年将需要花费 3 小时。3 个小时的通勤，一个人一天要有 6 个小时花在来回工作地点的路上？交通规划师是借助交通仿真计算机模型来得出此结论的。但他们在表达"推断的极端"时，我们也不应该把它们太当回事。计算机并不能对众所周知的公众不愿长期忍受那种无法忍受的情形进行编程和运算。当通勤者最终受够了这种折磨时，他们将使计算机模型成为泡影，更换他们的工作，搬迁到新家园，停止新的开发，要求民选官员"有所作为"，甚至选举新官员。试想如果重新引进收费公路给任何一个特定的分散的城市化地区带来的影响。加利福尼亚州议会已经在酝酿这样的想法。

约翰·奈斯比特（John Naisbitt）和其他一些学者在诸如《大趋势》（Megatrends）文中所明确指出的新经济增长趋势不再需要工业型工厂空间。与商业化的校园型"园区"中的高科技办公室和厂房相关联的基于"洁净"的服务和信息就业的增长可以位于郊区较为廉价的土地上。这些区位还能使工作地点更靠近新的住宅市场。这种新增长不需要发生在传统的中心城区；这些发展会形成它们自己的中心，该中心涵盖由中层到高层的商品房以及酒店和娱乐综合体所环绕的区域购物中心。

这种增长所发生的程度和速度本身就是令人印象深刻的。罗伯特·瑟弗洛（Robert Cervero），加利福尼亚大学伯克利分校城市与区域规划系教授，做了很多有关郊区地区的研究。他注意到在1970年，全国范围内仅有25%的写字楼空间位于城市中心区以外。到1980年，43%的写字楼位于郊区。到了1986年，大约60%的写字楼出现在郊区——"从卧室到会议室"。

若干年前，这种新型大都市开发的行话称为"巨型中心"，因为它们通常在超过1000万平方英尺的空间上发展各种各样的功能。现在则用"都市村庄"来描述这种新的城市聚集发展形式。为理解这种发展现象的重要性和微妙之处，我推荐一篇由克里斯托弗·B·莱茵伯格（Christopher B.Leinberger）和查尔斯·洛克伍德（Charles Lockwood）合写的一篇简明文章《商业是如何重新塑造美国的》（How Business is Reshaping America），该文发表在《大西洋》（Atlantic）杂志1986年10月刊。他们注意到一个惊人的增长率，导致了科斯塔/梅萨/欧文/新港（Costa/Mosa/Irvine/Newport）海湾商业区融合成一个新的大都市副中心（都市村庄），该副中心面积为2110万平方英尺。虽然比不上洛杉矶中心城区的3660万平方英尺那么大，但它已接近旧金山的2680万平方英尺。

我难以认同"都市村庄"的表述，因为似乎这些综合体的开发都无一例外地缺少步行的特征或与行人的联系，而这正是真正村庄的自然组成部分。这些新的中心是为汽车而组织的。对我而言，"村庄"让人联想到的不应该是对称的、高科技的、玻璃的、中高层的建筑，而更多的是由相对慢速和狭窄的街道（狭窄是指按照如今的主干道标准判断的）上紧密排布的商店、商铺和办公地点所构成的若干街区的聚集体。在我所了解的纽约城外发展起来的村庄中，街道的确允许停车，但人们始终是信步其间的。具有步行特征是最主要的特色。

对此，公共交通应当如何应对呢？当说起试图使主要的轨道项目适应于多中心且到达这些中心的出行起点又十分分散的地区时，迈阿密大学地理系教授彼得·穆勒（Peter Muller）提到，我们正在"为20世纪90年代的大都市地区建造20世纪20年代类型的大容量公共交通系统"。这就是迈阿密轨道交通（Miami Metrorail）的现状，一个公共交通与土地利用综合规划有重大缺失的典型案例。他们没有专门的供系统运行的融资，并且继续拆除公共汽车系统来帮助轨道线路的运营。如今在迈阿密运营中的公共汽车比 15 年前更少了，仅有 395 辆，而他们的规划则需要 1000 辆来提供重要的接驳服务。另外，也没有一个可随公共交通市场变化的关键的土地利用的协调，即停车供给。当轨道交通开通运营时，在迈阿密中心城区拥有超过 8000 个新资助建设的停车位，这是由独立的公共停车管理局建造的，收费低至每天 2 美元。系统从未有过一个公平竞争的机会。

大都市中心区的重新发现

正当我们认为已经开始掌握了城市发展的进程，即意识到看上去所有行动都是向外部郊区迁移并发生在"都市村庄"时，我们开始看到另一种发展模式正在出现。在我们很多老旧的大都市中心区存在着一种类似的重新发现和复兴。在 20 世纪 70 年代，我们认为将不得不"把它们抹去"。但是在一大批美国老城中心内和周边地区，出现了重大的新发展，甚至大规模复兴——列举一些城市，如纽约、波士顿、匹兹堡、亚特兰大、华盛顿特区、洛杉矶、旧金山、西雅图和波特兰。这种重获新生一部分与城市本身复兴的世界性利益有关，可以说是一个将日渐破败的市区改造为良好的中产阶级居住区的时期。然后同样地，复兴另一部分很可能是人们对于所有道路都堵塞的新郊区中心所获得的经济成就的一个简单而理性的反应。现在，郊区城市正在研究交通与土地利用/增长管理规划，而这样做已经有点晚了。

许多此类大规模的新中心在设计上有缺陷，成为无生气的工作和购物场所，很大程度上缺乏活力。新型都市村庄和郊区巨型中心通常表现为一种连接不畅的商业宫殿形式，它们缺乏更自然和更兼收并蓄的人性尺度的步行环境趣味。人们往往会被吸引到积极而充满活力、行人友好的街道上，来享受这种城市环境，而这种街道在真正的都市村庄的老中心城区，曾是公共交通的"发源地"。

在这些新中心城区的某些复兴计划和开发中，可以看到一个有趣的扭曲现象。像马里兰州的哥伦比亚的劳斯公司（Rouse Company of Columbia, Maryland）、和加利福尼亚的欧内斯特·哈恩（Ernest Hahn）之类的开发商们嗅觉足够灵敏，都率先利用了中心城区的郊区化。具有讽刺意味的是，随着"中心"在郊区的迅速成长，在老城中心的新零售和商业开发综合体呈现出在郊区运营良好的本质，包含并综合了混合用途的商场，尽管现在与其他相邻街块和开发结合得更好一些。由于没有多少留给大量汽车使用的空间，有些商业综合体最终甚至有意识地规划为适合步行者使用。

这些发展趋势的明显矛盾是不同的分析"阵营"所形成的结果。有人看见了作为都市村庄兴起的新经济中心，以及随着那些不能从现有放射状的连接城市中心区的公共交通系统中受益或享受该线路服务的人们转向开车而新增的交通量所导致的愈发拥堵的郊区街道的出现，新的中心并不能被任何公共交通良好地服务，至少在目前完全是小汽车导向的设计前提下是不可能的。当然，如果能对一个地块如何与下一个地块取得联系之类的问题认真思考，并且在场地规划中考虑到行人的布局，使系统开始获得良好的公共交通可达性，正如过去的村庄和城市曾经布局的那样——为人而设计的场所，那么上面所说的是可以发生改变的。与这个都市村庄现象相反的是，其他趋势预测者则重新发现了传统的中心城区。它们正在恢复活力，并且在吸引居住集群的发展中，比郊区中心来得更成功。或许那些新的都市村庄设计师们该另眼看待那"旧东西"以及它是如何运作的了。

两种趋势都出现了，这就意味着必须出现创新性的开发设计，以及土地利用、增长和交通的管理和规划，以快速而有效地应对都市村庄/新型中心的趋势。否则，以后将为在交通循环和可达性方面改善糟糕的基础设施系统的"补缀性"改造修复上付出更大代价。对于老旧的城市中心区，新的增长和适度的郊区化仅仅要求重新思考传统的放射状的公共汽车和轨道走廊类型的公共交通系统规划，以找到可能适合于这些已被证实的方法和技术的修改方案或新见解。

公共交通与土地利用的发展方向：未来的挑战

正如人生旋转木马上的很多其他事情一样，公共交通和城市发展似乎也在某种程度上经历着重复性的周期演变；我们重新发现了旧的形态、系统和概念并认为它们是"新"的，而把新东西看成是"过时"的。忽视一个真正一流的公共汽车和轨道交通系统所能提供的巨大利益和机动性选择实在是错失机遇。我们从加拿大的同事那里发现他们并没有错失机遇，人均公共交通出行量方面他们的公共交通平均利用率是我们的3～8倍，并且其运营成本的60%以上是来自营业收入。公共交通与土地开发之间的关系提供了一个十分重要的发展机遇，而在美国，这种机遇绝大多数情况下都被忽视或得不到承认，或者当它被有轨电车和房地产大亨使用时，又因为利润的原因保持相对隐蔽。有时，狭隘或线性思维仅仅盯着公共交通系统规划或土地利用或发展规划，而忽视了最为重要和关键的联系和机遇。美国城市要将这些行动整合到一起为何如此艰难，而加拿大城市似乎做起来明显轻松得多？

在大多数州，是我们自己的体制结构限制了我们看待、思考和处理城市问题的方式。这种公共交通（或交通运输）和土地利用相关联的缺失在很大程度上是因为早期创建的相互独立和纵向相关的城市、乡镇和县，它们的确受到诸如交通和土地开发的大都市地区力量的影响，但从体制角度看又完全没有应对这种力量的准备。美国的决策机构在其授权领域而言是相当分散的。众多处理公路、公共交通、排水、给水、供电、港口等有特定用途的政府机构从属于大都市区的不同政府司法管辖权的范围，而这些政府机构并没有被授权或拥有职权或责任处理或关心跨辖区、多维度的问题，如交通与土地利用。

尽管在大都市区要应对这些官僚机构看起来是一个不可能实现的困境，但有些区域已表现出具有重大意义的刚毅，它们在公共交通系统发展和经济发展方面通过着手制定引导增长管理的适度而开明的政策，成功地为它们的市民做了一些精彩而有效的实事。俄勒冈州波特兰市及其三个县、亚特兰大市是值得注意的例外和可供美国效仿的积极模式。

一个人对于任何企业或政府事业或计划的绩效的期望和判断，都应该对市场的现实状态有一个完整的认识。当我们从根本上改变公共交通运营的环境和条件时，对其绩效的变化，无论是好还是坏，我们不应表示惊讶。如果我们把时间和精力专心致志于一个更为合理和全面商业化的方法，去评估和理解公共交通所必需的运营环境，难道我们不想要塑造一种公共交通投资和系统设计更佳，系统运营更富有成效和更可预测的环境吗？如果我们可以在管理公共交通发挥作用的城市环境形态的价值方面达成共识，那我们会做得好得多。我们会获得一切，什么也不会失去，除了和加拿大及欧洲的交通相比显得相当高昂的公共交通运营补贴率之外。加拿大人和欧洲人早已接受和实践了大都市区的土地利用和增长管理的理念，并与城市交通系统的设计和发展相协调，使公共交通和公路出行均能受益。

参考文献

Cervero, Robert. "Curbing Traffic in Fast-Growing Suburbs." *ITS Review 9* (May 1986): 4-8.

Cervero, Robert. "Urban Transit in Canada: Integration and Innovation at Its Best." *Transportation Quarterly* 40 (July 1986): 293-316.

Charles River Associates. *Characteristics of Urban Transportation Demand: Second Edition, A Handbook for Transportation Planners.* Prepared for the Urban Mass Transportation Administration, December 1985.

Farris, Martin T., and Forrest E. Harding. *Passenger Transportation.* Englewood Cliffs, New Jersey: Prentice Hall, 1976.

Foster, Mark S. *From Streetcar to Superhighway: American City Planners and Urban Transportation 1900-1940.* Philadelphia: Temple University Press, 1981.

Jackson, Richard H. *Land Use in America.* New York: John Wiley and Sons, 1981.

Lave, Charles A., ed. *Urban Transit: The Private Challenge to Public Transportation.* San Francisco: Pacific Institute for Public Policy Research, 1985.

Leinberger, Christopher B., and Charles Lockwood. "How Business is Reshaping America." *Atlantic Monthly* 258 (October 1986):43-52.

Lieb, Robert C. *Transportation: The Domestic System, Second Edition.*

Reston, Virginia: Reston Publishing, 1981.

McDonnell, James J. *National Trends: Population, Employment and Vehicle Ownership 1970-1985.* Office of Highway Information Management, Federal Highway Administration. Presented before the 1987 Transportation Research Board Meeting, January 15, 1987.

METRO Transit. *Encouraging Public Transportation Through Effective Land Use Actions.* Seattle, Washington: May 1987.

Parody, Thomas E. *Metropolitan Area Changes in the Characteristics of Travel Demands.* Boston, Massachusetts: Charles River Associates, 1986.

Parsons Brinckerhoff Quade and Douglas. *Perspectives on Transit and Land Use Relationships: How Transit Systems and Service Appear Most Compatible with Various Long-Range Land Use Policies.* Prepared for METRO Transit, Seattle, Washington, March 8, 1978.

Smerk, George M. *Urban Mass Transportation: A Dozen Years of Federal Policy.* Bloomington, Indiana: Indiana University Press, 1974.

交通流量与公共交通的未来

C·肯尼思·奥斯基（C. Kenneth Orski）
华盛顿特区
城市机动性公司，总裁

如今，我们发现自己已经卷入到理应被称作为"第二次郊区化迁移"的浪潮中，这种人口变化，可以确切地说，与在第二次世界大战以后直接出现的最初的郊区化迁移一样意义深远。眼下的迁移不是人口的迁移而是工作岗位，更确切地说，是办公和高科技的工作岗位的迁移。该迁移的规模简直是给人留下了太深刻的印象。在美国的几乎每个大都市地区，在远郊和近郊的就业增长速度已经超过了在中央商务区的就业增长速度。在很多市场上，在过去四年中，多达60%~90%的办公场所的扩张都出现在中心城区以外，而这从根本上已改变了大都市地区的结构。仅仅5年前，美国57%的办公空间位于城市中心区，43%位于郊区。而如今形势几乎发生了逆转：58%的办公空间位于郊区而42%位于城市核心区。

这种大规模区位转移的背后存在一些强大的经济和技术力量。通常，郊区的办公空间可以以每平方英尺20~22美元的价格获得。而相比之下，如果选择位于中心城区的话，价格则需每平方英尺30~45美元。那么这个在办公空间上的差异对于一位一般的雇主而言意味着什么呢？根据办公网络协会（Office Network）所进行的一项分析，在1985年一个雇主将办公空间迁至郊区，在旧金山一年可为每个员工节约近4000美元，在迈阿密可节约3400美元，在华盛顿特区可节约2900美元，在洛杉矶可节约2300美元。于是，那些雇佣数千个文职人员的大型银行或保险公司通过将办公场所迁移至郊区，可以每年节约数百万美元的办公租金。这就提供了一个巨大的、几乎是难以抗拒的将企业迁移至郊区的动力。

即便如此，若不是因为在远程通信领域的最新进展，很多企业并不会离开中央商务区，至少并不会那么大规模地迁移。现代郊区办公大楼和办公园区都提供大量复杂的通信系统，而这就大大地简化了在远距离地点的运营。由于有了一套诸如数字专用小交换机和私人光纤光缆系统的完整设备，郊区办公室的工作人员可以和他们在市中心工作的同行们一样轻松地与外界交流。

郊区办公的兴旺不仅以工作岗位数量的增加为特点，同时也表现在就业密度方面的显著增加。现代郊区办公综合体不再是散布在大都市景观中；它们趋向于在巨型飞地中集聚，其中很多办公综合体的规模和密度已经超过了中型城市的中央商务区。此外，市场压力似乎在推高郊区的开发密度。十年前，一个郊区办公综合体的开发密度超过 0.2 或 0.3 的容积率（FAR）是很罕见的。而如今，郊区超过 0.8 甚至 1.0 的容积率成了常见现象。这造成了汽车出行生成量的极大增长。

这些新的郊区办公综合体是什么样的呢？它们呈现出每个传统中央商务区的外观。它们提供了与在中心城区办公楼能获得的同样高质量的建设、建筑间的差异和配套设施。它们拥有精心装修的酒店、高档购物场所和多样化的餐馆。一些郊区中心，如加利福尼亚州奥兰治县的南海岸地区，甚至以拥有美术馆和表演艺术中心为荣。然而，不像传统的中心城区是经历了几十年的缓慢演变而成，新郊区中心可以说是以极快的速度在增长。例如，达拉斯北部园区仅在 1980~1986 年的六年中，其规模就增长了超过四倍。加利福尼亚北部的康特拉科斯塔县（Contra Costa County）中心，四年中办公空间翻了超过三倍，并且在它爆发性增长的十年中，该县面积已经达到了旧金山金融区的三分之一。弗吉尼亚州北部的泰森角（Tyson's Corner），这是我最喜欢的例子，仅仅用了 15 年时间就从一个半乡村的十字路口———一个煤气站和一个酒馆——成长为一个早已拥有比迈阿密中心城区更多办公空间的繁华的郊区中心。

与此相反，传统中心城区则经历了好几代人的努力才达到其目前的大小和密度。这使得它们能以更平缓、有序的方式来适应不断增长的交通量。现代的郊区中心则并没有获得逐渐适应的机会，所以如今快速形成的郊区中心导致了同样快速发生的交通拥挤。为了解决这个问题，新的郊区巨型中心被强加了一个自20世纪70年代末以来放慢了扩张速度但基本上是成熟的公路系统。这样看来，美国郊区必须学会接受很大程度上早已存在的公路系统。这当然意味着越来越拥挤和越来越容易堵塞的道路。

郊区交通状况

所有这些已经从根本上改变了"交通问题"的性质。在过去，交通拥堵是和中心城区通勤以及进入城市的放射状道路联系在一起的。如今，一些最严重的交通堵塞发生在远离城市核心区的地方，发生在环形公路和通往郊区办公园区的道路上以及发生在郊区中心。以洛杉矶为例，最繁忙的一段文图拉高速公路（Ventura Freeway），堪称世上最繁忙的高速公路，是在恩西诺（Encino），而恩西诺远离任何甚至几乎不会被认为是"中心城区"的地方。

交通拥堵同样也失去了其方向性的倾向。从一个郊区到另一个郊区的人，或者从他们郊区的家驾车去购物中心的人，和那些去中央商务区通勤者一样会遭遇大交通量。那些我们在20世纪70年代所熟知的悠闲地反向通勤的日子快速地走向终结。确实，在很多城市高速公路上，高峰时间进城和出城的交通量几乎相同。沿着一条华盛顿主要的通勤道路——马里兰州的I-270行驶，你很难判断哪个是通往市中心的方向，哪个是通往郊区的，因为其双向交通流量几乎相等。

郊区的交通拥堵似乎也在空间上快速蔓延。在很多大都市区，地方性的交通拥堵不再仅限于主要的放射性交通走廊，而蔓延到整个的公路网。同样，交通量也不再仅限于那些大都市区的人口高密度地区。郊外边缘地区的乡村道路——例如，伊利诺伊州杜培基（DuPage）县西部，新泽西州普林斯顿（Princeton）市或弗吉尼亚州罗登（Lowdon）县，仅仅几年前这些道路上还几乎没有什么交通量——

现在由于成千上万的通勤者试图寻找从他们郊区家庭到郊区办公目的地的捷径而呈现出似乎无可救药的拥堵状态。在过去,通勤者能够通过走支路来避免大交通量,但在今天大部分县的郊区似乎已经没有"支路"可走了。一条两车道的县道就很有可能像高速公路那样发生交通拥堵。很多通勤者发现自己必须面对被困于一辆接着一辆车的队伍中的迷失经历,而周围只有玉米田、农舍和放牛的田园景色。

随着交通开始侵入曾经宁静的郊区,它闯进了一个持续扩张的人群的生活中。对于公众意见的调查表明,交通拥堵已经成为所有郊区选民们最担心的问题,其关注程度高于传统的失业、空气污染、

新型的美国城市是多核心的,并且越发地依赖于越来越不充足的公路基础设施。
照片由达拉斯市兰迪斯·艾里尔(Landis Aerial)提供

住房和犯罪等问题。并不让人感到惊讶的是，在旧金山湾区（San Francisco Bay Area），选民们连续四年挑出交通问题作为他们最优先关注的问题。在华盛顿特区、亚特兰大和长岛，公众意见的调查同样证明了这些结果。确实，近些年来，人们很少再能想出一些能像这种不断增加的交通流那样在郊区选民中引起这般关注和激起如此多的激情的问题。

这种不满的一个有形表现是来自于基层的、日益增长的对商业发展直言不讳的反对。反对增长的情绪并不新奇。20世纪60年代和70年代早期的控制增长运动明显是出于保护郊区社区田园特征的渴望而推动的"自由主义"，而与之不同的是，当下由交通引起的反对发展的狂热似乎与理想路线相反。确实，正如加利福尼亚州一位政治家所说，"增长控制已然成为每个人都举起的旗帜，从圣迭戈的保守派到旧金山的自由派无一例外"。不断升级的交通问题主导了全国各社区协会、市议会和县委员会的议程，并且已经成为广泛的激烈政治辩论的主题，辩论的地域分布范围之广，覆盖了加利福尼亚的康特拉科斯塔县，弗吉尼亚州北部的费尔法克斯（Fairfax）县，伊利诺伊州的杜培基县，新泽西的普林斯顿市和佐治亚州的亚特兰大市。

让我举几个具体的例子，来说明这种市民的不满是如何转变为政治行为的。在加利福尼亚州沃尔纳特克里克市康特拉科斯塔县的一个繁华的郊区中心，选民们最近同意了一项禁止任何超过1万平方英尺的商业开发的提议，直到75个关键的道路交叉口的高峰小时交通量回落到D级服务水平才能进行该商业开发，而这个目标几乎是不可能实现的。

在旧金山，选民最近通过了一项M提议，这是一项全面的增长控制提议，它将未来10~15年办公场地的开发有效限制在每年建设不超过一幢中型的或者是两幢小型的办公大楼。在洛杉矶，U提议将允许的容积率降低了一半，从3.0降至1.5。该条例适用于除了威尔希尔（Wilshire）廊道和中央商务区以外的整个洛杉矶地区。

弗吉尼亚州的费尔法克斯县目前已经拥有4000万平方英尺的办

公空间，而在那里，对于开发的强烈反对正在横扫整个县。对交通和城市增长的控制主导了地方选举活动，新的开发审批已经慢慢地停下来了。在华盛顿特区郊区的贝塞斯达（Bethesda），对在高峰时段内生成超过 5 辆汽车的出行的任何开发都给予有效的暂停。在开发能够与支撑其发展的基础设施取得平衡之前，不会再授权任何进一步的建设。所有这些都表明公众对于交通拥堵的不满可以真正地转化为政治行动，虽然这未必是最有效的。

但是交通危机同样也产生了积极的强烈反应。所引起的公众舆论最终也震慑到地方官员、开发商和雇主，使他们开始行动起来，并且激发出一系列创新性的反应。这些反应现在正集合成一个新的策略，以望控制我们最大的郊区问题。该策略被恰如其分地命名为"拥堵管理"。"管理"这一词真实地反映了这一概念的推动力。我们不能退回到拥堵状态，我们甚至可能无法终止拥堵的增加。我们所能做的就是将交通拥堵保持在可控范围。

拥堵管理策略包括四个不同的组成部分。第一个是费用分摊的原则，要求私人开发商来分摊交通改善的费用。目前至少在 15 或 20 个司法管辖区已例行实施环境建设费。费用分摊的意图在于将更多的交通基础设施建设费用的收取从普通公众转移到那些首先做出必要改善行为的人以及那些最有能力来支付和最可能从交通改善方面受益的人那里去。

虽然一些观察者将费用分摊的要求比作敲诈（政府官员更喜欢把它们称作"开明的敲诈"），但没有人否认环境建设费用和议定的开发收益已经成为土地开发过程中可以接受的特征。从弗吉尼亚州费尔法克斯县可以看出这种收益是多么的重要，在该县，过去五年中从私人开发商那里募集到超过 1 亿美元的资金。与此相比，需要超过 40 年才能还清的债券公投所获得的大约 1.3 亿美元资金。

开发商的参与并不仅限于支付环境影响费用。在科罗拉多州，一群对公路改善工程的缓慢进程深感沮丧的私人投资者，提议建设一条从柯林斯堡（Fort Collins）到普艾布罗（Pueblo）的私人出资的收费道路，其长度大约为 300~350 英里，建设费用为超过 5 亿美元。该项目能否最终实现并不确定，但一群企业家公开宣称要实施这类项目的事实却是非常重要的。在华盛顿哥伦比亚特区，一群企业家宣称了一个要兴建并承担建设费用，以及运营一条10英里的私人收费道路的计划，该道路将作为到杜勒斯（Dulles）收费公路的延伸，并且顺便为新开发开创一些有吸引力的机遇。于是，在私人融资领域出现了一系列的行动。

　　拥堵管理策略的第二个要素是越来越多的私人部门通过交通管理协会（TMAs）参与到交通缓解过程中。在短短几年的实践中，交通管理协会从仅仅出于好奇心演变为设立机构。如今，在全国范围内有超过30个交通管理协会在运作中，并且其数量还在继续增长。它们是一批旨在促进私人部门参与到当地的交通和运输事务中而设计的新的私人组织。交通管理协会让工商业界能在地方的交通决策制定中拥有发言权，并且为私人部门参与交通缓解计划提供了一个组织框架。它们还承担起在地方公务员和私人部门之间协商有关公共运输问题的论坛的作用。

　　交通管理协会还试图填补遍及新郊区的制度空白。事实上，在当代的许多"巨型县"中，权力结构其实是一种现代的封建制度，它是一个个小型的以自我为中心的管理单元的集合体，通常拥有不大于业主协会的规模，它对于基于区域层面的公众需求的回应而言是缺乏权威性和视野狭窄的。交通管理协会提供了一个论坛，在那里，碎片化的郊区利益会因一个共同关注的话题而得以统一，并作为一个更大范围的利益归类的参考意见和是非判断。确实，已利用一些交通管理协会来成功地缩小了多个地方政治管辖权的差距，而此过程并没有复杂的政治协商。

　　迄今为止，大多数运作中的交通管理协会都出于对郊区交通量及拥堵状况产生逐渐增加的担忧而发起。也就毫不奇怪，交通管理协会在那些交通状况已经到达非常严重程度的高速增长的大都市地区尤其盛行，这些地区包括达拉斯、洛杉矶、新泽西北部、奥兰治县、旧金山东湾以及华盛顿特区。一个交通管理协会的创建可能由各种各样的情形所引发。在某些案例中，如在泰森角，一个国内最大的、交通最拥挤的郊区中心，创建交通管理协会的刺激因素是担心交通拥堵会对其运营绩效产生负面影响并扼杀该地区经济前景的本地雇主和业主。

在其他案例中,例如加利福尼亚州的普莱森顿(Pleasanton)和欧文(Irvine)和马里兰州的北贝塞斯达,成立交通管理协会的需求出自于地方条约,该条约设定了一个合法的交通出行生成上限,并要求本地开发商提出能确保交通量处于规定限制范围内的交通管理措施。还有另外一些案例,如新泽西州的普林斯顿、达拉斯北部的百汇中心(Parkway Center)、华盛顿州的贝尔维(Bellvue)以及巴尔的摩——华盛顿国际机场,交通管理协会是由开发商、雇主和地方政府联合决策的产物,该决策旨在在地区范围内相互合作的基础上建立一种处理当地交通问题的手段。

总之,每个协会都分别对于该地区的特殊需求与情况给予了精细化的回应。有一些协会将重点放在政策的领导与拥护,并且作为工商业界在有关公路和公共交通改善的地方决策中有发言权的团体。其他交通管理协会则将优先权给予交通问题的缓解。他们鼓励和促进员工之间的共乘和使用公共交通,协调机动工作时间的计划,执行停车管理计划,以及为本地雇主进行"出行审计"。还有另外一些交通管理协会关注于服务的提供,例如内部循环线路、停车换乘穿梭巴士系统、小汽车租赁服务和巴士预约。很多交通管理协会还有一个重要但通常未明确说明的目标,即试图培育积极的"机动性形象",特别是在那些交通强度大和拥堵严重的情况可能对其租赁潜力产生不利影响的地方。大多数协会都包含了所有这四种类型的活动,只是在侧重点的程度上有所不同。

不管这些协会的主要任务是什么,所有的交通管理协会都基于一个共同的原则,那就是在处理交通拥堵问题上,公共部门和私人部门应该共同来承担责任。他们可以不受官僚约束,随心所欲地,以企业家的方式来设计那些可能在地方政府更保守的环境下难以实施的方案。诞生于交通拥堵危机下的交通管理协会可以成长为与当代郊区现实相契合的本地影子政府的形式。

第三个拥堵管理策略的要素是监管创新,即一种旨在诱导、说服或影响私人更大范围地参与到交通缓解进程的新机制。始创于加利福尼亚的出行削减条例,目前已经传播到东部地区。该条例还同时包括了旨在让私人部门更大强度地参与到交通拥堵控制的交通管理区域、交通运输企业和其他法律与监管机制。

公共交通能起作用吗？

所有这些对于公共交通而言意味着什么？追溯到20世纪70年代，当时我还在都市公共交通管理局（Urban Mass Transit Administration，UMTA）工作，我们都拥有一种强大的信念，即只要有足够的钱，公共交通可以通过提供替代小汽车出行的有吸引力的、便捷的、更便宜的选择来"解除"大城市交通拥堵。我们确信公共交通在城市复兴和减少污染与拥堵方面拥有美好的前途。而如今，我们中的很多人都对此表示出更多的怀疑。我们面临越来越多的证据表明大容量公共交通在缓解郊区拥堵方面只能起到非常有限的作用。

我并不赞成没有理由发展大容量公共交通。我仅仅是说那些有关大容量公共交通能够解决交通拥堵问题的论调应当寿终正寝了。该问题的实质是就业岗位向郊区的迁移极大地增加了大容量公共交通运输的复杂性。只要大多数的工作岗位还在城市中心区，那么公共交通就能够，而且确实能够，起到非常有效的作用。公共汽车和铁路在诸如停车换乘场地或铁路车站等站点将乘客运走，迅速地将他们直接带到中央商务区的工作场所。但如今，随着越来越高比例的通勤出行在分散化的郊区地区始发或终到，就没有了足够的"人口容量"使得大容量公共交通有效地运行。确实，一些规划专家提出，从交通运输的立场来看，容积率在0.5~2.0的开发密度在本质上是功能不良的。它们产生了太多的由公路网来承载的出行，而并没有产生出足够的出行量来保证大容量公共交通服务的有效性和高效率。不幸的是，这些恰好是郊区的市场力量所偏好的开发密度。

悲观主义者认为无论是采用公路方案还是采用大容量公共交通方案，都没有办法来解决这个问题，我们的城市正在以一种本质上无法控制的方式增长。我相对而言要乐观一些。我认为一直以来都有用公共汽车和铁路来服务中心区的需求。确实，我对于圣迭戈和波特兰的经验印象非常深刻，这两个城市在它们的轻轨系统建设上达成了一致，并且准时且低于成本预算地建成了轻轨系统。但是人口调查局（Census Bureau）的数据却表明这种情况下采用大容量公共交通其实是会面临很大困难的。在一个典型的大都市地区，郊区到郊区的通勤人数与郊区到市中心的通勤人数的比值超过 6∶1。即使在华盛顿大都市地区，其联邦就业岗位都高度集中在哥伦比亚特区，该区域所有的通勤出行中仅有 22% 的出行终点位于中心城区。最近的数据表明居住并工作在郊区的通勤者比例在持续上升。在一个典型的阳光地带城市中，很可能不足 20% 的通勤出行终点位于中央商务区内。再次说明，我并不赞成大容量公共交通没有用处，但是大容量公共交通并不足以解决交通拥堵的问题。

公共交通与不断变化的城市特征
——多伦多一个道路交叉口的演变

肯·格林伯格（Ken Greenberg）

加拿大，多伦多

贝里奇·莱温伯格·格林伯格

（Berridge Lewinberg Greenberg）公司合伙人

传统上，街道作为社会空间，属于公共领域。而汽车的出现，连同其他因素一起，改变了这个观念。
由得克萨斯大学奥斯汀校区得克萨斯州历史中心（Texas History Center）巴克（Barker）提供

第一部分　公共交通在塑造城市特色中的作用

一条传统的街道展现着一幅均衡的场景。它不仅是一个行走的通道，还是一个社会空间，人们在面向街道的商店附近生活，并且拥有在街角频繁碰面的机会。很容易想象在那样的环境下出现的一系列日常生活。在20世纪，许多心理、政治和社会的变化都导致了对那种建成环境的重大挑战。

对机动性的渴望

在19、20世纪之交的"交通幻想"中，人们可以设想在各个层面上的一切可能的移动方式。这些想象都是在20世纪大多数时期人们对个人机动性的可能性着迷的症状，这种着迷已经导致了城市形态的分解。最终，我们走出了那段时期。

对机动性的渴望对于传统的城市形态和街道特征提出了挑战。
来源：莫斯·金（Moses King），1915，《莫斯·金之纽约观》（King's Views of New York）

当我还是个孩子时，我曾经阅读过《大众工匠》（Popular Mechanics）和《大众科学》（Popular Science），并且和其他人一样，我对未来将会是什么样充满了幻想。我想象我的住房将看起来像机

公共交通与不断变化的城市特征

场和交通首末站的组合体,我家庭的每个成员都能乘坐某种奇特的交通工具向任何一个方向起飞。流行的广告增加了我的幻想。传统城市似乎随着那种机动性的出现而不复存在。但是所有那些幻想并没有实现它的承诺,相反地,我们的城市形态被割裂、破碎和摧毁了。到了 20 世纪 60 年代末和 70 年代初,中心城区呈现出越来越少的人类聚居的迹象(因分散化而导致),而逐渐显现出一种惊人的失控状态。

一个道路交叉口的演变

目前,碎片化北美城市正处于重新组合阶段,这点在多伦多扬街(Yonge Street)和埃格林顿大道(Eglinton Avenue)的这个特殊的道路交叉口的发展过程中是非常明显的。公共交通所起的作用对该变化的影响十分关键。在 19 世纪 90 年代,最初的租界在此布局,该交叉口所展现的是一种乡村模式。到了 1910 年,该模式早已开始呈现出城市的特征,在扬街上开始有马拉的有轨电车运营。然后,在 1949 ~ 1953 年间建设了地铁。通过规划政策和经济力量的结合,在原有基础上设计出一个新的、动态的模式,即由每小时单向载客量 3 万人次的地铁线路所产生的模式。

在新模式下,地铁车站附近已涌现出尺度非常大的建筑,打断了城市的传统肌理。第一代的新建筑非常简陋,也存在很多问题。

大尺度的新建筑开始在地铁节点处出现。

沿着地铁线看,扬街和埃格林顿大道的交叉口离市中心约 7 公里,周边都是一些独户住房、大小适中的地块和绿树成荫的街道。在这些地区全新的压力的引入对人们来说是难以应对的。在那些想待在家里的人和力图获得更高密度的规划政策与经济压力之间形成了激烈的斗争。令人惊讶的是,许多住在这些地区周边的人们并没有将其弃之给投机商或允许这些地区被彻底清除。

　　有时,这些压力导致形成了大量的地面停车场,而这正是对那些主要提炼于二流的现代主义设计集合的街道肌理和高层建筑的真正侵扰。偶尔地,建筑的尺度也会小一些,能与街道肌理更好地契合,但大多数情况下,两三层建筑和新建的大型建筑物之间彻底并置的规模实在是太显眼了。简而言之,虽然位于奇怪和别扭的背景中,一个新的城市现象的原始要素已经成形。目前大约 1.5 万人在地铁车站步行范围内工作,其中大约 60% 的人使用地铁来往于工作地点。在该地铁车站的影响区内居住着大约 2.5 万人。

不同尺度的建筑激进和令人遗憾地并排出现在交叉口附近。

该进程的下一阶段就是将那些原始的、有时是简陋的要素更得体地整合到开始成为一个真正城市的地方。在 20 世纪 70 年代，留在邻里社区的人们和发展副中心的持续的压力之间的关系始终处于僵局。于是开始编制一个被称作附属规划的方案，试图理清头绪并使人们从混乱中走出来。

除了大片大型建筑物向外扩张的趋势以外，还存在这样的问题，即个人项目的发展是基于郊区模式而非城市模式。这些建筑物都呈现出像内向型商业区或者带有朴素而死气沉沉的广场的地下大型购物中心那样的特征。在某些情况下，这种建筑物从土地利用的观点来看是合理的，因为它们将地铁站上部的人群集聚起来，但它们与街道相联系的方式使之成为一个不友好的环境。同样地，随着先前存在的街道的消亡，地块变得太大以至于不能适合于城市的发展模式。

强调内部空间而非街道正面的超级街区的发展产生了简朴而死气沉沉的空间。

随着该附属规划进程的开展，其城市设计的策略是基于对该交叉口原先运作状况的审视。在寻求用途之间的一个更精确的平衡关系时，城市设计师和规划师所意识到的关键要素之一是建筑物的地面层与街道之间的直接关系。很明显，有轨电车时代遗留下来的街道部分是非常有活力和有趣的场所，即使在低密度地区亦是如此。与充满特许批发商店的购物中心相反，零售业是精细化和个性化的。

自 20 世纪 70 年代起的一阶段内，出现了一个等同于"一位画家首先将一大块颜料扔到画布上，过了一阶段后再次回到画布前，用更灵敏的手对那一大块的油画进行返工"的过程。这种返工一方面是对第一代大尺度建筑的改进,以赋予它们更优雅的品质。第二方面是在未利用的空间上填充新一代的建筑物。关键因素是,不管是通过改造还是新建,整体的建筑肌理都重塑了街道正面与公共空间的基本关系,而不是试图以郊区流行的模式,对每个项目进行内部场所的开发。

在应对副中心的密度问题方面另一个关注点在于需要一个中等尺度的建筑物,介于住宅尺度与后来所建塔楼的尺度之间。随着三到八层的拥有混合用途的建筑开始使两者之间的空间关系得以调和,该交叉口开始令人感觉更舒适了,它创造出了一系列各种各样的能使我们联想起"城市"的尺度感。

"成熟的"公共交通节点

由于人行道上出现了如此大的人流量,过去的由有轨电车所产生的城市肌理重新回到了生活中。高耸的塔楼和大规模开发往往会相当快速地紧跟着地铁发展,随后,中等尺度的建筑物开始慢慢地填充到城市肌理中,这些中等尺度的建筑物通常能容纳几乎等比例

对第一代建筑物的改进过程正在有序进行中。随着公共交通节点的成熟,将会产生新的停车空间。

的居住人群和工作人群。到了进程中的这一时刻，将会出现一种融合或合成的效应。曾经的一系列孤立的物体和离散的人群，如今发挥了比把这些部分总和在一起更佳的效果。从经济角度来看，在城市副中心的活动中出现了有趣的关联。土地用途并不因为办公空间非常便宜而随机分布；相反地，正如在传统城市中那样，城市副中心开始承担特定的经济职能。人们希望位于某个副中心，因为那里是在某企业或专业领域工作的所有其他人群所待的地方。

然后，夜生活开始出现。有足量的人在那里工作和居住，从而支撑起夜总会、电影院和餐厅的运营。类似地，足量的人在那里居住，从而支撑着一个社区机构和零售设施的网络，而这些正是一个真正城市的特征。随着在剩余地块中的土地开发，这样的循环持续地建立起来。高质量的居住项目一下子出现在曾经没有人认为他们愿意去的地方。

1987年的扬街和埃格林顿大道交叉口
由多伦多公共交通委员会（Toronto Transit Commission，TTC）提供

一个值得推敲的问题是当大量人群都集聚在那些历史上没有公共公园和公共空间的地区时会发生什么。随着集约化、快速化开发的实施，低密度的郊区肌理必然地发生了质的改变。我们必须创造出有明确界定的公共空间，不仅是简单地为了视觉舒缓，也是为了能得以积极利用。

在描述多伦多市的一个道路交叉口的发展历程时，我们可以清晰地看到，北美地区或必然地存在于加拿大城市中的郊区肌理，很大程度上是战后的一种现象，随着近郊即在城镇中心以外的都市模式的出现，它们正经历着一个不同于19世纪欧洲城市的历程。这些是"城市化"地区，我们——那些在规划和设计行业或涉及公共交通领域的工作者——所能起到的重要作用之一是作为这一进程的推动者。通过将土地利用政策、旨在加强街道作用的设计行动、空白地块的填充和对公共交通的重视相结合，我们正在借鉴上述交叉口的成功经验，试图塑造在郊区出现的城市场所。事实上，这所导致的"城市"的更大的概念是一系列的中心，其中一些中心比另一些规模大些，但所有这些中心都应拥有全面的有益于发展的城市特色。

在这种"城市化"出现的同时，中心城市正在变成越来越不纯粹的"中央商务区"。事实上，我们一直在鼓励人们居住在中心城区。这一转变的征兆是在过去几年中，多伦多最核心的行政区内的居住人口数如今已和围绕在其周边的纯粹"居住区"的人口数一样多了。因此，一方面，城市中心区正在成为居住社区（即居住功能在城市中心区有所增加，译者注）；另一方面，越来越多的人在传统的居住社区内工作（即传统的居住功能片区内增加了就业岗位，译者注）。

第二部分

公共交通发展的案例研究

在过去的十五年间,许多城市都以各种不同的方式对大容量公共交通的需求予以回应。这一部分的案例研究描述了重新将大容量公共交通引入城市的战略和技术,大多数的案例都表现出在小汽车得以普遍使用之前,公共交通系统应用的有效性。我们可以将所选择的技术(各种轨道交通和公共汽车)和选择该技术的基本原理加以比较,还可以对公共交通发展的重要经济潜力的利用方式加以比较。在许多案例中,市民的坚持确保了规划和实施能积极响应一系列问题——城市设计、土地利用、环境质量——而不仅仅是针对公共交通。

多伦多：公共交通发展的三十年

杰瑞·皮尔（Juri Pill）
多伦多交通委员会
规划部，总经理

在公共交通和城市规划方面，多伦多往往采取了较为独特的做法。在20世纪40年代后期，当所有人都在建造高速公路时，我们建造了第一条地铁，当每个人都放弃使用有轨电车时，我们把有轨电车保留了下来。我们目前还有超过200辆有轨电车在使用中，并且我们主要的中心城区地面线路都由这些交通工具来运营。有些人声称公共交通在郊区不起作用，然而忠实于多伦多的传统，我们也将公共交通引入到郊区中去。

多伦多大都市区（Metropolitan Toronto）的第一条地铁线路是一个意外的惊喜。在第二次世界大战期间，公共交通几乎没有遭到来自小汽车的竞争。多伦多公共交通委员会在收入方面获得了大量盈余，因为存在于加拿大的价格控制并不应用于公共交通票价；在第二次世界大战以后，公共交通委员会来到多伦多市民中间并说道："我们有这么一笔钱，想用来建造一条地铁，你们如何认为？"用这笔钱和融资来建设那条地铁后，多伦多最繁忙的有轨电车线路被替换成了1954年开通的地铁线路。第一条南北向线路长约4.5英里，在它成功运营的基础上，第二条东西向的地铁在20世纪60年代中期得以建造。正如大多数北美国家的城市那样，多伦多大都市区的人均乘坐次数处于持续下降中。我们并不能证明这是原因，但当那条东西向线路开始运营并且公共交通的运营速度在第二条主要的交通廊道上对小汽车有了竞争力以后，人均乘坐次数就不再下降了。

目前，多伦多公共交通委员会拥有北美地区最高的人均乘坐次数；多伦多大都市区的居民平均每年要使用该公共交通系统出行200次。营运的收入成本比大约在70%。多伦多公共交通委员会员工的流动率在3%左右，约为安大略省行业平均值的一半。该行业的事故率也是安大略省行业平均值的一半左右。在过去的18年中，多伦多公共交通委员会15次获得美国公共交通协会交通安全最高奖，成为在100万人口以上城市中的最杰出的公共交通系统。

但在1946年，多伦多公共交通委员会和北美的其他公共交通系统没什么区别。我们是如何做到我们现在这样，这是一个战略问题：尽可能提供最好的服务，那么人们就会使用它。对于一流的产品来说，问题是质量而不是价格，多伦多公共交通委员会是一个运输企业而不是社会服务机构。我们履行社会职能，但我们试图尽可能以企业的模式来运营，结果是多伦多大都市区约65%的15岁以上居民每周至少使用一次公共交通。截至1984年，我们的乘客中22%的家庭收入超过4万美元，相比于全部人口该收入水平的占27%。最新数据表明，就家庭收入而言，多伦多大都市区人口中最高收入的20%人群中，大约有三分之二的人每周至少使用一次公共交通。

那些拥有较低收入水平的人使用公共交通的频率更高，但我们有意识地选择既去迎合那些有选择的人也去迎合那些必须使用公共交通的人们。公共交通可以是一种螺旋式上升的过程而不是螺旋式下降，因为你拥有越多的乘客量，你的车间时距就越小，这样就能吸引更多的乘客。这里就存在一个双向成立的反馈环，即如果能让所有的人都使用公共交通，那么那些必须使用公共交通的人最终就能得到更好的服务。我们对于低收入人士给予特殊的补贴，而不是给所有人都提供低票价，因为给那些高收入人群提供补助票价是没有意义的。

在资金筹措方面，我们从车票收入中获取70%的资金。资金融资部分的四分之三是由省级政府提供。由于在加拿大，没有联邦政府参与到公共交通中，因此另外25%的资金成本是由大都市区政府通过物业税评估和商业税来支付的。我们与我们的金融合作伙伴非常紧密地合作，自 1977 年以来，我们拥有了"用户公平份额公式"（"Users' Fair Share Formula"）。也就是说，我们设定一个收入成本比的目标，然后实施定期的小幅度票价上涨以与通货膨胀保持同步。

公共交通塑造城市发展

多伦多大都市区的地铁塑造了城市发展，因为该系统是在大约 35 年中渐进地建造起来的，而在这段时间内，多伦多大都市区的人口也翻了一倍。当我们开始建造时，人口大约为 100 万；现在人口大约为 220 万，因此可以说地铁建设和人口增长在那段时间内是同步的。然而，在很多情况下，与公共交通相关的重大开发需要 10～20 年时间才能实现。例如，在两条主要地铁线——第一条南北向线路扬线（the Yonge Line）和 20 世纪 60 年代中期开通运营的布卢尔—丹福思线（the

开始运营之前的布卢尔—丹福思地铁线上的基尔（Keele）车站，1966年
由多伦多公共交通委员会提供

基尔车站及随后的毗邻地区开发，1987年
由多伦多公共交通委员会提供

Bloor-Danforth Line）的交汇点，那里的开发经历了 20 年才得以实现，即使到了现在，四个街角中也仅有两个进行了高密度开发。

多伦多都会区对于在地铁节点地区的公共交通导向的开发有着强大的规划激励措施，例如地铁车站周边开发的区划奖励。大多数的开发都发生在自 20 世纪 60 年代开始的 10~15 年间，当时处于一个鼓励地铁车站周边的高密度公寓再开发的区划政策下。但是当时有反对如此规模的再开发，因此就普遍地停滞下来了，正如肯·格林伯格（Ken Greenberg）在第一部分中详述的那样。

多伦多大都市区的官方规划同样也是公共交通导向的，由于 20 世纪 70 年代早期主要的政治反应是反对中心城区快速增长的，于是设定了限制，并且多伦多大都市区高速公路的建设也结束了。目前大都市区官方规划其中一部分包含了这样的条款：将不会再有更多的进入中心城区的重要交通连接。

扬街和圣克莱尔大街（St. Clair Avenue）交叉口处的混合用途开发，1987年
由多伦多公共交通委员会提供

在大约 10 年前采纳的副中心政策下，建设了通往东部郊区的斯卡伯勒（Scarborough）快速公交线路，以引导使用该线路到达东部副中心。我们期望以此引导次节点的开发，以获得更高的公共交通分担率。我们的目标是在三个副中心达到大约 50% 的公共交通分

担率，但这些副中心无论如何都不会承担所有的郊区开发的乘客量。那里同样拥有大量的商务办公园区以及小汽车导向的开发，但通过对中心城区开发设定限制和构建郊区的增长，我们希望郊区公共交通使用率同样会有所增加。

两个地铁引导的副中心规划正在制定中。北约克（North York）副中心，位于多伦多都会区的北部，从1976年的约75万平方英尺商业空间增长到1985年的260万平方英尺商业空间，并且根据已获批准的提议办公建筑总开发量将达到大约350万平方英尺。1985年的总就业岗位为1.5万个，预计到20、21世纪之交将增长至4.7万个。东部的斯卡伯勒城市中心从1976年的38万平方英尺增长到200万平方英尺，另外50万平方英尺建筑面积也已获批。斯卡伯勒城市中心的就业人数将从1985年的7000人增长到1990年的1.3万人，到世纪之交将达4万人。

长期的土地利用与公共交通规划

多伦多公共交通委员会是通过大都市区的土地利用政策引导城市发展适应公共交通的使用而获得成功，还是因为我们有良好的公共交通服务才使得与公共交通相关的发展取得成功的？答案是"都对"。公共交通和土地利用必须协同发展，而多伦多正是两者如何协调发展的一个案例研究，在那里，在大约40～50年间，人口翻了一倍，而交通和土地利用两方面的政策都向着同样的方向前进。

每个社会都不得不对城市形态做出明确的决策，即城市将是单中心，多中心或是蔓延。要使得快速公交有效，开发就需要是高密度的，最好是集聚式的。单中心、"中心城区"的选择是无效率的，因为仅有一半的容量得以利用。如果仅有一个拥有向外放射状道路的强大城市中心区，那么非高峰方向的通行能力就没有得以利用；因此只有一半的投资得以利用。一个均衡的混合似乎是最好的，而那就是多伦多大都市区官方规划（MetroPlan）的基础。

为管理与公共交通规划有关的开发，我们发动了召集提议并维持评估这些建议的明确准则。我们在评估财务分析中使用了现值和等效的年度报税表。我们对净收益进行了严格定义，以共享发展带来的回报。我们花了两年时间对其中一个更复杂的协议进行了谈判，但最终给了我们近50%的净回报。我们从不出售会导致路权丧失的那些土地。相反，我们对上空使用权进行出租，并且从相关的开发中寻求利润回报。正如在开发协议中详细描述的那样，再融资必须被非常严格地界定，否则就会没有可供分享的利润。

就为公共交通系统建设筹措资金而言，联合开发并不是一个融资的灵丹妙药。它的主要收益既来自于公共交通系统的乘客量，也来自直接的财务回报，且两者比例相当。在我们的案例中财务回报通过综合税收基础来获得而不是通过任何专项的开发征税。

公共交通规划与土地利用规划的整合必须要成为综合而长期的战略的一部分。该综合战略必须要被社会整体而不仅仅是公共交通系统所采纳。该战略不可能由公共交通系统自身来完成。一个城市必须考虑其目的：我们为什么拥有或者我们为什么需要公共交通系统？公共交通系统主要意图在于成为社会服务，即最愚蠢意义上的慈善行动，或者是成为一个企业行为？如果它的目的纯粹是社会服务，那么联合开发和土地开发就必须基于此角色，例如，要开发与公共交通系统相关联的低收入住宅。如果那样的话，全部的联合开发选择将会变得非常有限。在一个仅仅迷恋于公共交通的系统中，整合交通总体规划与土地利用并没有多大意义，因为那种类型的土地利用规划仅仅能影响整个社会的很小一部分。公共交通系统会变得边缘化，整个社会将几乎完全成为小汽车导向的。高速公路与开发的整合将成为主要问题，直到所有一切都在一个大规模交通堵塞中停滞。

多伦多在40年或50年前所做的选择是将公共交通作为社会肌理的一部分，其目标在于那些"出于自愿的"乘客，即那些有权选择高质量、清洁、可靠、安全、高速所有这些使公共交通有效运行的乏味事物的人群。他们可能并不招摇但很挑剔。细节决定成败；高质量需要投入资金。准确地说出该公共交通方式是什么并不重要——是轻轨、公交专用道、地铁还是通勤铁路；那些都取决于公众，取决于人口分布密度等等。但它真的需要投资——真正意义上的"投资"那个词，即投入金钱以获取未来的回报。该承诺应当是长期的。

波特兰轻轨的经验

约翰·R·波斯特（John R. Post）
俄勒冈州波特兰市
Tri-Met 公交系统
副总经理

我们在 Tri-Met 公交系统工作的人喜欢提及波特兰轻轨系统在乘客量、改进后的运营效率、服务质量和可靠性方面的成功。我们很容易忽视这样一个事实：这样一个项目显著地影响了它所服务社区的城市景观。波特兰可以自豪地说，通过地方民选官员、司法专业人员、本地的商业和公民代表和所委托的专业设计公司各方在该项目中的努力，项目设计本身也促进了其成功和公众对项目的接受度。当地新闻媒体的报道表明了一位曾经的轻轨项目反对者——一个本地建筑师——的观点，他说："这非常融洽，看起来似乎它一直在那里存在着。"该观点的意思就是，该项目是社区的一个补充，并且已经非常充分地融入到了城市肌理之中。

项目背景

该波特兰项目是一个公路和轻轨的组合项目。在公路部分，我们将城市中心区的一段不符合标准的高速公路路段延伸五英里长以实现改善。轻轨项目从波特兰中心城区到郊区社区格雷舍姆（Gresham）的核心地区，总长 15.4 英里，其一部分线路在改善后的高速公路线路旁运行。我们选择这个组合项目是因为它最能适应该区域的新兴交通和土地利用政策。

Tri-Met公交系统的MAX线路以55英里/小时的速度在州际84号公路上向东行驶。
由Tri-Met公司提供

波特兰轻轨交通系统的特征

- 27个车站
- 5个车站作为公共汽车中心为多条公交线路提供连接服务（除了三个车站外的中心城区以外所有的车站均有一定程度的公共汽车服务）
- 五个停车换乘场地，共拥有1700个停车位
- 与公共汽车票价系统完全结合的票价体系
- 每侧四处双门的26辆可双向运输的轻轨车辆；车厢为单铰接的，长88英尺，宽8英尺8英寸，座位数量为76个（车厢由加拿大庞巴迪公司（Bombardier）提供，在佛蒙特州（Vermont）巴里市（Barre）装配）
- 最大运营速度为55英里/小时（每段路程的速度不同，取决于运营环境）
- 起讫点间运营时间为43分钟

在中心城区，该设计对于适应行人和车辆的需要尤其敏感。人行道已进行了升级，并广泛使用了不同材料来划定轨道车辆、小汽车和行人的通行区域。该项目在中心城区范围内运营速度为15~25英里/小时。在中心城区的两个历史街区，我们注重将轻轨系统与地区特色相融合，其方法包括在轨道内使用鹅卵石等材料。

在中心城区以外，我们在轨道运营方面使用了更多的功能设计，它的特征是与临近的小汽车交通有一个更明确的隔离。该铁路线沿

着高速公路的部分是与临近的交通和步行活动完全隔离的。轻轨车辆在该区域的最高运营速度为 55 英里/小时。

沿着伯恩赛德（Burnside）街，一条重建的郊区主干道，轨道线路除了在主要交叉口外，都由一个标准的路缘石与其他交通流相隔离。轻轨车辆在该区域中的运营速度为 35 英里/小时，交叉口由标准的交通信号灯控制，该信号灯可给予轨道车辆优先通行权。

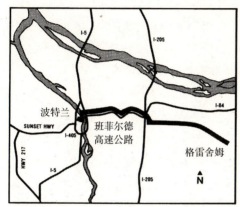
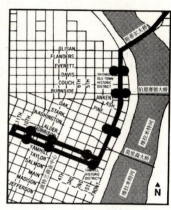
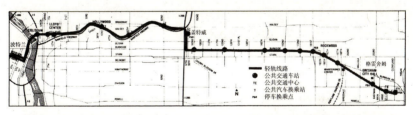

波特兰地区的轻轨系统将波特兰中心城区与东部的社区和城镇连接起来。
由Tri-Met公司提供

该项目外部的三英里是在一个单独的路线上，这是一条废弃的货运线路。在这个区域中的运营速度在 35~55 英里/小时之间，其交叉口通过由轨道车辆驱动的标准轨道信号闸机来控制。

残疾人通过位于各车站站台处的路边升降电梯进入车站。这些升降电梯代表了那些极少数的在研制中的，即非标准的、非现成设计的项目要素之一。这些升降电梯位于站台上，并且由车辆驾驶员来操作。

车站被设计得简单、易懂和拥有较低的维护要求。它们的特点是拥有诸如防护性顶棚、信息显示板、垃圾桶、长凳和自动贩卖机等设施。

该项目在1981年设立的预算之内得以完成，其中3.286亿美元是指定用于轻轨和公路的改善，其中83%是来源于联邦州际划拨基金和都市公共交通管理局第3部分和第9部分的资料。本地基金由多种渠道提供，包括1160万美元的国家天然气税资金，2580万美元国家政府一般收入基金，1510万美元Tri-Met公交系统基金以及300万美元来源于不同的私人和当地司法机关的资金。约1.05亿美元的预算用于高速公路建设项目。据预计，一些建设申请的处理将会增加最终的预算，但并不会达到可获得的资金总数额。

项目历史

该项目的规划基础建立于20世纪70年代中期。在这个时期，波特兰地区正在重新思考其区域交通规划，该规划要求建设一个全面的城市高速公路系统以应对预计在2000年及以后将出现的出行需求。当为服务波特兰东部地区而设计的一条主要的新高速公路路段遭遇了社区和地方政府的强烈反对时，该交通议题便变得矛盾尖锐化了，最后导致了从州际公路系统中取消了该段高速公路的建设。要求建立一个"平衡"的交通系统的修订后的交通规划被采纳，并且该地区开始着手来明确界定一个公路和公共交通相结合的组合方案，它将最好地服务于该区域的需求。对于寻找先前所提到的被取消的高速公路段的区域东部的交通问题对策，则给予了最高优先权。我们探究了大量的公路和公共交通的可选方案。

在公共交通方面，我们对交通系统的管理（对既有主干道的小规模改善）、高载量交通车道、公交专用道和轻轨的选择都进行了详尽的探究。这些规划实践发生在1976~1978年这段时间内，牵涉到Tri-Met公交系统、俄勒冈州交通署（Oregon Department of Transportation，ODOT）、区域都市规划组织（the regional Metropolitan Planning Organization）和受影响的当地的司法管辖区。这些实践的成果集中在联邦政府所要求的1978年春季的环境影响报告书的草案（Draft Environmental Impact Statement）中。1978年的其他时间都致力于形成一个优先备选方案和职员建议报告（Preferred Alternative Report and Staff Recommendation reports），该报告推荐选择采用轻轨方案。轻轨与高速公路相结合的方案得到六个地方和州司法机关的采纳，并要求正式按照该建议采取行动。

尽管最初的设计方案在1979~1981年期间得以不断地推进，但这段时间主要还是花在了在地方、州和联邦政府层面对于确保资金方面的通力合作上。地方资金的重点是于1979年6月州议会（State Legislature）通过的一次性普通基金拨款。直到1982年2月才获得了最终的以与都市公共交通管理局达成的全面资助协议（Full Funding Agreement）形式出现的联邦资金承诺，那时已是轻轨维修大厦动土仪式的日子。

该项建设于1986年夏天完成，该系统在1986年9月6日正式开放商业化载客运营。从项目的开始到结束，大约需要10年时间，其中4年是投入到建设阶段。一如既往地，总会有一些特殊情况影响我们的时间表，但这些情况可能并不会发生在其他社会。其中一个特殊的因素是该项目是第一个公共交通／公路相结合的项目，它采用了州际交通和都市公共交通管理局协议第3部分的资金策略，并且在联邦政府层面由都市公共交通管理局和联邦公路管理局（Federal Highway Administration）共同管理。在联邦政府层面的决策可以说是再缓慢不过了，而且通常还要与联邦资金供应周期的契机相协调。地方决策也需要花相当长的时间，但在制定里程碑式的社会决策方面还是值得去花时间的。

为什么选择了轻轨

六个独立的司法机构参与了从备选方案列表中选取了轻轨方案。而县政府则是可能的例外，因此轻轨方案并没有从一开始就成为那些参与的司法机构所青睐的选择。事实上，轻轨在审议中两次落选。从Tri-Met公共交通运营商的角度来看，最重要的因素是与选择采用任何形式的公共汽车来承载一个相当数量的乘客的成本相比较，轻轨在运营成本方面的预计减少量是多少。

幸运的是，我们能够报告，迄今为止我们的经验能够证实每位

第二部分 公共交通发展的案例研究

盖特威（Gateway）公共交通换乘中心，约位于MAX线路中部，为Tri-Met公交系统的轻轨服务与12条公共汽车线路之间提供了便捷的换乘。
由Tri-Met公司提供

中途上车和始发站上车的乘客的单位轻轨运营的成本比通过公共汽车来运营来说要低得多。这样的结果是由一个强大客运量的反应和低于预算的运营开支而形成的。在选择轻轨方案方面对于Tri-Met公交系统来说其他重要的因素还有：更高的预计乘客量，如安全、快速和可靠的运营特点，选择轻轨能在住房和商业动迁方面产生最小的影响，以及在所有审议方案中轻轨获得了公众最高程度的支持。

其他的司法机关援引了在他们决定时考虑的其他因素。波特兰市政当局认为选择轻轨是最符合其在中心城区减少空气和噪音污染以及交通拥堵的计划的。特别是，市政当局有这样的担心，即如果所有预计的公共交通客运量全部由追加的柴油公共汽车来承担，对于波特兰有限的中心城区空间会带来何种影响。市政当局还赞扬轻轨方案为集中和加强那些已被采用的开发和重建计划提供了最大的机遇。将轻轨与公路相结合的方案同样也被判定为与波特兰市政当局的交通规划十分一致，它要求将区域的小汽车和公共汽车的出行从市中心的主干道上转移出去，而进入区域性交通设施中。

市、县两级政府都赞扬了轻轨方案相比于公共汽车方案而言的环境优势。摩特诺玛（Multnomah）县赞同选择轻轨方案的主要因素是轻轨线路走向和正在兴起的土地利用政策和规划是一致的。要求对该项目给出最终立场的所有司法机构都提出市民的大力支持是他们选择轻轨方案的关键因素。

市民参与和意识

俄勒冈州在公共和私人开发的所有方面都有着广泛的市民参与的传统。人们认为该州历史上最大型的公共建设工程项目应包含广泛的市民参与程序。1978年秋天的为司法机构决策做准备的项目规划阶段，市民参与进程的强度最大。举个例子，俄勒冈州交通署和Tri-Met公共交通机构在1976~1977年间联合资助了120个公共会议和研讨会。此外，每一个参与决策过程的地方政府司法机构都会在采取他们最终行动之前自行举行一系列的公开听证。

在这整个阶段，活跃着一个有133个委员组成的市民咨询委员会（Citizen Advisory Committee，CAC）。为与项目的技术人员形成有效的互动，该委员会又细分为八个小组委员会，来分别阐明那些令人关切的地域性和专业领域的问题。该市民咨询委员会在设计一个让市民参与和确保所收到的意见能得到考虑这样的程序中起到了特别积极的作用。该市民咨询委员会也深入地参与到为正式的公开听证开发信息程序的活动中。媒体和直接的联络技术得到广泛应用，这使得300个团体和个人在公开听证中提交了评论意见。在这一阶段，市民咨询委员会进程证明了其在界定当地所关心的问题以及识别特殊问题与敏感领域方面取得的成功。

从1979年到1982年初，该项目正处于设计阶段，市民的参与进程虽然强度不大，但依然是广泛的。当设计的细节完成时，市民参与主要集中于一些小规模团体，如企业和邻里社区代表们。中心议题是车站地区的土地利用规划、最后的线路走向和车站区位，以及诸如车站和轻轨车辆的美观和舒适度问题的多元化主题。

自1982年中期到项目完成，Tri-Met公交系统在建设过程中寻求市民的参与和协商。与邻里社区团体、商会和当地的服务俱乐部的会面成为一个持续的进程。然而，印象最深刻的市民延伸服务是班菲尔德公交专用道系统的社区联系计划（Banfield Transitway

Community Relations Program）。该 Tri-Met 计划雇佣了一个特别的员工团队，他们与邻里社区团体一同工作，并通过与个人业主一对一协商的形式，在因建设进程所造成的地产变更方面达成一致意见。业主们能够在开始建设前审查到 Tri-Met 公交系统详细的设计方案，包括道路分级的问题，人行道和车行道的重建问题，以及对路权内的乔木和灌木进行移除或更换的问题。在任何的建设开始之前，与业主之间的协商都达成了一致同意。Tri-Met 计划所特有的是其"预警系统"（"Early Warning System"），它是一个提前 48 小时预先告知的程序，告知居民哪些设施将停止使用和哪些新的交通线路将启用。对于任何计划中的通道中断，都会给企业以特别的通知。在项目办公室安装了一部热线电话，并且提供 24 小时的应答服务。

由于自 1958 年以后，波特兰再也没有有轨电车运营，于是在新的轻轨服务投入运营之前执行了一个广泛的公众教育计划。该计划对于安全性给予了特别的关注，即小汽车司机和行人应如何应对这种在大街上行驶的新型交通工具。总之，采用使市民参与到项目的规划、设计和建设中来的这一计划得到了广泛的接受，而这就为顺利过渡到运营阶段奠定了基础。

土地利用的议题

该轻轨项目曾经是并且现在依然是通过协调交通投资与土地利用的政策来塑造区域增长的有意识的策略的一部分。十多年来，土地利用问题一直被包括在轻轨决策制定的进程中。对土地利用的考量影响了包括用公共交通来替代高速公路，选定轻轨模式和对路线及车站区位的选择在内的一系列决策。对轻轨给土地利用所带来的影响的关注形成了一个 120 万美元的车站的规划项目。该项目通过确定市场潜力，规划合适城市的项目，以及对车站地区重新区划，奠定了沿线发展的基础。该项目找对了位置。尽管我们可能是第一个来声明，基于所开发的社区对该项目的反馈而提供一个明确的报告还为时过早，但目前我们所看到的一切都看起来非常良好。最重要的是，开发商和商业团体似乎都对结果感到满意，并且都对有关轻轨对该区域的经济发展规划而言将成为一个积极的因素持乐观态度。

系统的优势与劣势

考虑到我们目前所经历的,可以公正地说,我们持续地感觉到,总体来看,该系统的"优势"要远远地大于其劣势。优势包括:

公众/乘客的接受度:普通大众和公共交通乘客们都非常热情地接受了该项目。那些不愿尝试公共汽车交通系统的人们将会使用轻轨。

社区自豪感:虽然没有人对新的公共汽车服务的启用感到兴奋,但轻轨却引起了大家的兴趣。在起初的两天半轻轨免费服务期内,出现了超过 20 万的乘客量,此外社区、商业利益者和媒体都给予了持续的积极响应。轻轨系统在众多出版物上都给予了醒目的特写,试图引起波特兰地区企业和访客兴趣。

运营成本:以每位乘客来计算,轻轨系统的运营成本大约为公共汽车系统的一半。到目前为止,我们第一年的运营成本在我们的预期之下。随着乘客量的增加,我们预计结果将变得更加乐观。

收入成本比:因为轻轨运营的票价结构与公共汽车运营完全融合在一起,所以我们并不预期轻轨系统将会产生明显的较高收入成本比。但是事实并不如此,由于有一个高出预期程度的乘客生成量,相比于公共汽车系统 27% 的收入成本比,轻轨系统实现了 51% 的收入成本比。

服务质量:相比于先前的公共汽车服务,轻轨系统提供了一个更平稳、更安静、更快捷的运营服务,并且由于其吸引力,它给市场提供了更便捷的服务。

持久性/发展反响:无论服务与乘客量的多少,公共汽车系统的服务都难以对那些更愿意对轻轨项目及其所代表的持久性高服务水平产生反响的开发社区形成卖点。

劣势包括:

投资费用:这是一项明显的开支项目,但不可被忽略。为获得前述优势所需预付的投资是相当巨大的。

维修:将轻轨引入到原先全部由柴油公共汽车运营的系统中造成了一些困难。首先,需要培训一批全新的交通工具维修人员,他们需要得到关于电子产品而不是柴油引擎方面的培训，这将会削弱我们在使用维修力量方面的灵活性。相对于需要少量在街道上维修的公共汽车运营而言，轻轨的运营采用的是一个 15 英里长的运输走廊，它需要被持续地监视和维修。由于设施对公众而言是完全可以进入的，因此设施容易受到损坏成为一个非常重要的问题。

交通接口：虽然大部分的轻轨线路与其他交通方式完全或部分隔离，但从可靠性角度来看，轻轨运营的成功与否，很大程度上取决于由小汽车交通和交通控制设施所影响的这些隔离设施的运营顺畅程度。一位粗心的小汽车驾驶员，一个故障信号或者类似事件的确会发生，也的确会中断轻轨的运营。如波特兰那样有设计特色的系统的成功很大程度上取决于当地司法机构的合作，并要求与当地交通工程师进行合作。

总之，将轻轨运营重新引入波特兰的整个过程，在让公众学习如何共同合作以及为其努力的成果而自豪方面，已经取得了极大的成功。

波特兰及其独特的传统

格雷格·鲍德温（Greg Baldwin）
俄勒冈州波特兰市
规划和中心城区开发专家
Zimmer Gunsul Frasca 建筑事务所合作伙伴

当我们最初思考一个城市的公共资金改善计划时，理解城市的个性及其发展阶段是非常重要的。例如，我们要记住美国的城市，不管其有多么的重要或体面，都是与其对应的欧洲城市有巨大差异的。我们并没有远离自然，因此保持着奉行独立和自给自足的特质的土地观念。当你观察美国的住区时，你会发现这种观念是他们生存的根基，它是一种与大西洋彼岸提倡相互依存的理想城市那种丰富但有时显得混乱的社会特征差异巨大的信念。

要记得这是这样一个国家：拉尔夫·沃尔多·爱默生（Ralph Waldo Emerson）说他在波士顿最快乐的时光是在巴克湾（Back Bay）车站等待去往康科德（Concord）的火车时度过的。我们同样要意识到大多数西部城市都是非常年轻的。与对待孩子们一样，我们曾尽力养育他们，随着时间的推移不断给他们各种各样的建议，以使他们能自己做出明智的决策（偶尔也有例外）。我们这样做是期待当他们到了青春期，能基于这些建议和自身经历，建立起他们自身的未来是如何一番景象。

波特兰就是那样的城市。我们仍然依附着我们的根基，并且只享受了短暂的一段青春期。因此，我们才刚刚开始规划未来的愿景。波特兰是一个有着很大腹地的港口城市，大部分腹地都支持发展，仅偶尔会略有反对，我们与这些腹地通过铁路、水路和航空很好地连接在一起。其中心城区拥有一个无处不在的格网规划，使它可以按需增长——作为一个完美的建筑遗产，但又使城市的未来难以界定，这一点直到最近才得以明确。

在 20 世纪 60 年代末期，我们获得了影响未来发展的四个重要经验与教训。其一是在中心城区以外的 120 英亩土地上，我们发现随着价值 1400 万美元用于街道和开敞空间、一个公共建筑和若干便利设施方面的公共投资，我们可以利用超过 4 亿美元价值的私人投资，进而补充最初的公共投资。第二个经验教训是靠近中心城区的一个竞争性的零售中心的潜在威胁，它能有力地削弱中心城区的发展潜力。第三个经验教训是中心城区的任何新开发项目，如果没有细致的引导，将会使中心城区的未来喜忧参半。最后，在 20 世纪 60 年代，我们是忠实于基于人均里程高速公路的美国国家，然而到了 20 世纪 70 年代，我们提出了美国最初的两个州际换乘项目的一个，提供资金和激励做更多的与交通运输项目有关的创新性事件。

战略性的公共改善

正是在这样的背景下，波特兰开始为其未来规划，该规划并不是约定俗成的、由限制性开发规章所支撑的规划，而是基于一些总体目标和政策而制定的规划。该规划为一系列关键的公共资金投资提供了一个框架，例如将中心城区核心部分的两条街道转换为公共交通步行街，该街道如今承载着比国内其他任何可相提并论的设施多得多的公共汽车。在不到十年的时间内，该公共交通步行街促成了沿街近 500 万平方英尺的公共和私人项目的开发，要不是有这条公共交通步行街，这些开发量就将可能选址于郊区社区中。我们已经承诺对复兴的中心城区以及它所需要的短期停车问题给予关注和支持，其结果是那些歇业的百货商店被取代。那些威胁说要离开的人最终留下来了，中心城区对区域零售市场的分担率在十二年中从 7% 增长到近 30%。临近维拉米特河（Willamette River）的一条高速公路和与之平行的干线道路得以拆除，取而代之的是计划供该区域

波特兰及其独特的传统

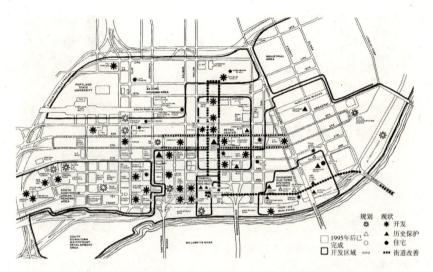

波特兰的公共交通发展是重组和重新审视城市中心区的综合成果的一部分。
由波特兰发展委员会（Portland Development Commission）提供

使用的一个公园，我们希望毗邻的历史街区能得以逐步恢复，新开发最终重新将河流与中心城区连接起来。

最近，一个波特兰早期规划中并没有考虑到的，但由它们的存在而引导的新公共项目宣布启用。作为波特兰轻轨系统的第一期，班菲尔德公共交通专用道（Banfield Transitway）绵延15英里，它沿着一条高速公路穿越中心城区，再穿过一个重要的换乘车站，然后沿着街道中间穿过十二个郊区社区。事实上，它不再仅仅是一个公共交通项目。它早已改变了其所服务地区的面貌。中心城区的核心区已变得越来越高雅和有活力，不管是在工作日还是在周末。附近的岩希尔历史街区（Yamhill Historic District）在建筑风貌上和经济上都发生了改变，同时还受益于在其周边刺激的新重大开发。长期闲置的斯基德莫尔历史街区（Skidmore Historic District）也经历了同期改造，目前每周七天的白天和晚上都充满活力。

通过在特定的居住区、在中心城区的历史街区、在零售核心区、在中心城区的装卸和维修区、在安静的公园、在拥有不友善环境的高速公路等必须创建一个合理步行环境的地点，以及在重要郊区公共交通换乘中心的广阔的开敞空间或郊区街道的中央等地点设定不

第二部分 公共交通发展的案例研究

注重加强历史街区的特色，例如岩希尔历史街区。
由Tri-Met公司提供

同的特性，波特兰轻轨系统及其车站地区避免了被强加于一个统一的"公共交通"形象。如果公共交通要吸引和服务更多的市民，那么系统本身应该是诱人的、仔细构思和包容的，同时也能够应对突发事件。即便是它的构造也应该是有吸引力的。它应该是构思上简单的，功能上审慎的，并且在观念上应是包容的。在此过程中，它应当为城市提供一个非常独特的场所。

在波特兰学到的原则

从这些公共项目中，我们学到了很多重要但又不令人特别惊讶的原则。首先，或许是最重要的原则是利用精心筹划的公共投资，你就能吸引到一笔重要和补充性的私人投资。在波特兰公共交通步行街（Portland Transit Mall），对于所花费的每一美元公共投资，我们发现在十年内，30～50美元的私人资金会做出回应投资其中。海滨公园正在朝威拉米特河方向进行着几百万平方英尺的新开发。轻轨沿线的零售商们报告其销售额超过了前期高点的30%~100%。在周六，有着比通勤高峰和周末更多的乘客搭乘该轻轨系统。

即使在持续的经济衰退期，在大多数的轻轨沿线依然看得见建筑起重机。在一个案例中，开发商在办公塔楼的底部建造了4万平方英尺的零售空间,这样一来,他可以与轻轨乘客建立良好的衔接关系,并且利用他的项目与公共交通专用道的邻近性。联邦政府最近刚在中心城区以外的一个轻轨车站旁边完成了一个投资6500万美元的办公建筑。现在正在设计的一个会议中心选址于中心城区河流另一侧,我们通过将其区位临近轻轨线路而使其更合理化。

第二,我们发现,正如在过去,最好的街道是那些容纳通常占据城市地区的各种各样活动的街道。单一用途的街道,步行商业街和排他性的公共交通步行街都有很多不足之处,尤其显而易见的是缺乏活动。最有活力的街道是那些试图容纳所有人和物的街道——公共交通和私人交通在同样的路权下行驶,还有大量的行人使用。设计的问题是细致地分配空间,并确保每种活动有足够的空间,让人们有步行的空间,让地面层的零售商能将其活动外移至街道上的空间,也让一些诸如灯杆、树木和座椅等固定元素有其设置空间。

第三个原则是施工过程需要变得更诱人而不是那么令人厌恶。

轻轨交通系统的枢纽是先锋法庭广场(Pioneer Courthouse Square)。
照片由Strode-Eckert摄影室提供

第二部分　公共交通发展的案例研究

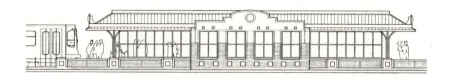

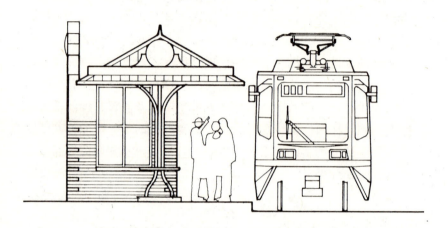

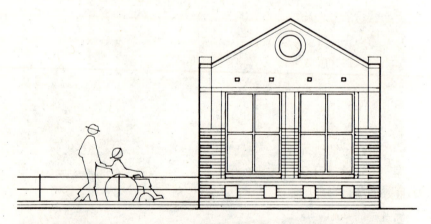

郊区的公共交通候车亭是砖砌的，并且是可扩张的以容纳不断变化的乘客量需求。我们为设置在站点上的砌体结构提供了不同的颜色，并建设成多种形状，以允许每个车站都拥有自己的建筑可识别性。
由Zimmer Gunsul Frasca建筑事务所合作伙伴提供

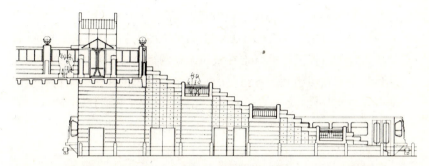

为再次引入桥梁作为容纳行人以及车辆通过的结构物,一个波特兰地区常见的二十世纪早期的国家高速公路桥梁设计得以修改。在设计中强调了行人的尺度。
由Zimmer Gunsul Frasca建筑事务所合作伙伴提供

施工总是一个干扰性的活动。然而,依靠材料的使用和时间的安排,它可以成为一个诱人的过程,其对于中心城区企业尤其是零售业的负面影响可以降至最低。关键因素是让中心城区的企业界参与到实施的过程中去。

最后,我们意识到我们总是在创造城市建筑,城市建筑需要与众不同,并且应能反映我们希望服务的市民的最大愿望。当我们使用特殊材料时,必须有足够的说服力,并且表达出持久性。在考虑是使用一系列非常简单的材料还是精心设计的调色板时,我们必须意识到我们正在为公众创造一些永久的事物以及为未来的项目开创先例。即使当那些部件都不起眼时,就像桥下的一个变电站,我们必须确保设计能够受到额外的关注。

波特兰项目的发展是一个非常公开的过程。重要的是我们学会了在不对个别项目的独立性和完整性进行妥协的基础上应用这一进程,不管该项目是公共的还是私人的。在波特兰,我们学到的是,最好的项目是那些能够相互"交谈"的,那些在不对自身独立性进行妥协的基础上开始交流的项目。其他很多城市的建筑通常以牺牲任何类型的交流为代价而独自矗立。

尽管我们非常认真地对待我们的目标,我们依然倾向于怀着期待和幽默来达成目标。要记住波特兰是一个"当地客栈老板发现通过正当的公开信息,他可以知道前往市长办公室的路线"的城市。

第二部分　公共交通发展的案例研究

同样在我们的城市中,伟大女神波特兰蒂亚(Portlandia[①])的塑像得到声势浩大地介绍,当她被送至公用事业大楼这一最后的安息地时,数以万计的市民陪伴她行走在威拉米特河畔。这还是一个公共项目的设计是旨在吸引和服务市民的,公共和私人的建筑通常都是群居的,但与此同时独立与自给自足的拓荒精神仍不妥协的城市。

---

① Portlandia,波特兰大厦前的Portlandia塑像,1985年10月,这个美国第二大的铸铜塑像被竖立在波特兰市中心,成了这个城市的象征。

圣迭戈有轨电车

罗伯特·罗本海默（Robert Robenhymer）
圣迭戈大都市交通发展理事会
高级交通规划师

圣迭戈大都市区公共交通发展理事会（Metropolitan Transit Development Board，MTDB）是根据国家立法机关法案，成立于1975年的都市区公共交通系统（Metropolitan Transit System）的上位机构，该理事会致力于轨道交通的发展。都市区公共交通发展理事会并不是运营商，但拥有该地区主要公共交通的提供商——圣迭戈有轨电车公司和圣迭戈公共交通公司。它同样还拥有圣迭戈和亚利桑那州东部铁路（Arizona Eastern Railway），并与圣迭戈和皇谷铁路公司（Imperial Valley Railroad）签订了在我们的设施上提供货运服务的合同。圣迭戈都市区公共交通发展理事会同时还对于若干个较小的公共交通机构肩负着编制计划和实施管理的责任。都市区公共交通系统的目标是通过票价、换乘和服务的合作协调为搭乘的公众提供一个单独的公共交通系统。

圣迭戈轻轨的发展

圣迭戈轻轨系统（LRT），又称圣迭戈有轨电车，其规划起始于1976年。由于财力有限，因此建设成本必须要低。为了成功地与小汽车竞争，最初的线路就必须要长，并且运营速度要高，而这种高速如果没有独立的路权就无法实现。为获得公众认可，可接受的环境影响是必然要考虑的，并且运营成本必须低，以控制在事先确定的财政资源内。

最初的轻轨项目——南线（the South Line），在1978年6月被都市区公共交通发展理事会采纳，并在1979年1月被授予第一份建设合同。30个月以后，在1981年7月，南线开始了收费营运服务。从项目规划的开端到收费营运服务的开始仅仅用了54个月的时间，该项目按时并且在预算之内得以完成。第二条线路，东线（the East Line），在1986年开通，同样也是按时且在预算之内完成的。

项目描述

南线全长16英里，线路从圣迭戈中心城区的圣菲（Santa Fe）车站一直到与墨西哥接壤的国际边境线上的圣伊西德罗（San Ysidro）。南线拥有12座郊区车站和6座圣迭戈中心城区的车站。全程运行时间为42分钟，最高时速达50英里。列车在上午5点到晚上7点的时段内发车间隔为15分钟一班，晚上7点到凌晨1点时段内发车间隔为30分钟一班。东线则为该轻轨系统增加了4.5英里长和4座车站。

圣迭戈的轻轨与由大都市区公共交通发展理事会正在运营的

中心城区的圣迭戈轻轨（有轨电车）终点站——圣菲车站
由都市区公共交通发展理事会提供

圣迭戈有轨电车

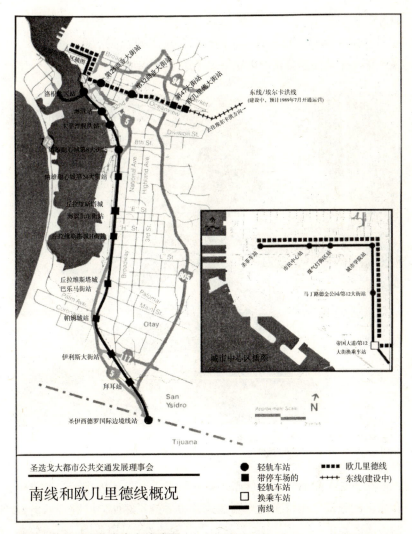

圣迭戈轻轨（有轨电车）线路图
由都市区公共交通发展理事会提供

货运铁路共享轨道设施。南线和东线都是沿着一条 1979 年 11 月以 1810 万美元购买下的铁路路权建设的。该铁路路权得以整体修复，包括替换所有的轨道和大多数连接处，以及重新压实轨道路基。然而，为了与我们的低成本要求保持一致，一些弯道的曲线没有改变。另一项成本节约的方法是使用现有的木材支架，如果测试证明这些木材在结构上完好的话。在东线上，我们建设了套式轨道，以在现有桥梁的每一端提供双轨和一条跨越桥梁的单轨，而不是在现有的一条跨越 8 车道高速公路的单轨桥梁旁边建设第二座桥梁。

圣迭戈中心城区步行/公共交通商业街
由都市区公共交通发展理事会提供

　　在圣迭戈中心城区，轻轨（有轨电车）在街道内运行，轻轨拥有独立的通道，小汽车交通则在其旁边运行。然而，沿着 C 大街有四个街区禁止小汽车通行，以打造一条轻轨/步行商业街，该商业街沿途的车站仅仅是人行道的延伸。在中心城区，过街交通通过信号灯和停车标志进行控制。在郊区部分的轻轨沿线地带，地面过街通过信号闸机和闪光装置得以保护。

　　轻轨的特征是它能够使用各种各样的路权。同样，轻轨车辆可以独立运营，或者，在圣迭戈的案例中，以四节编组的方式运营。圣迭戈的运营成本通过根据乘客量的需求增加或减少车辆编组数来保持低廉。在高峰时段，采用四节编组的列车运营。然而，由于在

圣迭戈有轨电车

圣迭戈轻轨（有轨电车）系统的郊区车站
由都市区公共交通发展理事会提供

圣迭戈中心城区有一些很短的街区，四节编组的列车可能会阻塞与之交叉的街道。因此，当列车接近中心城区时，它们被拆分成两节编组的列车，当离开中心城区时，再进行重新连接。这是轻轨应用的多样性的另一个例子。

轻轨车站的形式各异，从郊区的带有停车场的车站到圣迭戈中心城区仅仅是一个站台的车站。郊区车站拥有提供天棚的适度防护装置以及最低程度的便利设施，包括长椅、公共交通信息、电话和自动售票机。车站的设计也与我们的适用性、低成本的要求保持一致。公共汽车服务也做出相应协调，以提供来往于轻轨（有轨电车）车站的及时换乘。

圣迭戈轻轨（有轨电车）系统采用自助式的售检票系统。每个车站都放置了一个或更多的售票机。车票从50美分到1.5美元不等。新的售票机可以接受1美元钞票，在某些车站还安放了找零的机器。车票督察员对乘客进行检查以确保已付款。一般检查约25%的乘客，逃票率在1.5%左右。违规者将被给予一张类似于违规停车传票的罚单，然后这些人将通过司法制度进行类似于违规停车传票那样的处理。圣迭戈轻轨（有轨电车）的车票收入覆盖了它85%的运营成本。

初期的南线项目成本为8600万美元。这些成本包括了建设一条大部分是单线的轨道，购买14辆轻轨车辆以及对于轨道的收购。此

第二部分　公共交通发展的案例研究

圣迭戈的售票机
由都市区公共交通发展理事会提供

　　后,该线路完全建成了双轨,并且新购置了6辆轻轨车辆,这导致南线的总成本达到1.16亿美元。4.5英里长的东线成本为3360万美元,包括新采购的4辆轻轨车辆。南线和东线的总成本为1.5亿美元,折合每英里730万美元。

　　最近,又开始了东线的11.1英里延伸线的建设,该项目计划于1989年7月完工。它服务于东部的郊区城市雷蒙格罗夫(Lemon Grove)、拉梅萨(La Mesa)和埃尔卡洪(El Cajon)。该延伸线同样使用了铁路路权,其成本达1.034亿美元,包括购置15辆轻轨车辆。该项目第一次有联邦资金投入,包括2000万美元的联邦政府可自由支配的资金和3800万美元的常规资金:项目的56%由联邦资金来资助。

轻轨（有轨电车）计划发展的关键因素[①]

关于发展目标，我们在进程的早期就做出了明确的决定。这些都不是模式化的目标，例如提升空气质量，努力服务于四分之一英里范围内的每一个人，减少交通拥堵等等，而是更哲学的目标，例如提供一个能让人实现高效移动的可负担得起的系统。在研究的一开始必须界定一些非常明确的目标，然后在项目的实施和运营过程中遵守这些目标。对我们而言幸运的是，一个强有力的、明确的法令成为创建都市区公共交通发展理事会的授权法规的一部分。该法规陈述了任何需要实施的固定导轨必须使用现成的技术，依托其本身实现增量发展，并且尽最大可能使用现有的路权。

这项法令，加上意识到圣迭戈市公共交通乘客需求量并不能证明采用高资本密集型系统的合理性，最终导致了利用由董事会通过采用可行性元素而制定的务实方法，这些可行性元素包括低建设成本，高运营速度和有成本效益的运营方式。这些都被转译成我们不会放弃的指导原则。

另一个关键因素是，我们曾经，并且现在仍然拥有一个非常有限的预算。由于董事会对确保初始的项目预算和时间表都得到遵守方面非常严格，所以我们不可能因要为系统"镀金"而陷入困境。因此，我们的项目都是在预算内按时完成的。同时，我们能以1810万美元购置一条108英里的货运铁路是幸运的。这为我们提供了向南和向东的两条廊道，以促成轻轨公共交通与货运交通以非常低的成本联合运营的实施。

都市区公共交通发展理事会对于南线和东线轻轨的实施有着完全的地方控制。这两个项目都完全由州和地方财政资助；董事会在进程的早期就意识到要圣迭戈成功地争取联邦政府可自由支配的资金是不太可能的。然而，对于那条到达埃尔卡洪的新线路，我们的确获得了联邦资金的资助，并且会看到是否会有预算或时间表的影响。由于我们在寻求联邦政府的批准时，项目的启动不得不延迟，

[①] 汤姆·拉温（Tom Larwin），都市区公共交通发展理事会总经理，撰写了本节的一部分。

因此已经存在通货膨胀的影响。

很明显，得以实施成形的事件，由于制度安排、特色以及参与者承诺水平的差异，会随着地区的不同而发生变化。在圣迭戈，当三个层面的支持都很必要时，我们很幸运地得到了地方和州层面的支持性领导，并且最近，还不时得到了联邦层面的支持。当关键决策点达成一致时，这种领导力转化成了由不同的政体所采取的关键行动。其中所包含的特色使得从规划研究开始直到运营期间，公共汽车和轻轨规划的协调一直非常顺畅。因为都市区公共交通发展理事会是个"初来乍到的人"，于是可能会存在较多的问题。然而，所有的问题都被和谐地解决，令所有参与其中的人都感到相互满意，包括乘坐圣迭戈公共交通的公众们。工作人员和董事会做出了非常高级别的承诺。对政治领导层的支持是一项全面的技术努力和实质性的社区延伸计划。我们愿意在他们自己的地盘上遇见任何由两个或更多人组成的群体。

最后，自始至终，都市区公共交通发展理事会董事会、管理层和工作人员对于轻轨有着一致而务实的见解。该见解包含了作为主要目标的低成本和高质量的功能——快速、安全和可靠。董事会严格遵守了预算和时间进度的目标。1976年采纳的董事会原则于1978年被转化成设计准则，随着时间的推移没有发生过重大改变。这种一致性为项目的实施确保了一个清晰明确的重点。

圣迭戈公共交通与规划技术

保罗·D·柯西奥(Paul D. Curcio)
圣迭戈市城市设计部门
规划署主任助理

  大容量公共交通是一个与阳关地带城市相关联的无约束的个人机动性完全相反的交通运输系统。不管你喜欢或不喜欢,小汽车象征着美国、个人财富、自由和权力。如果大容量公共交通被视作对这些人们重视的事物的一个威胁的话,它是不会获得成功的。与此相反,大容量公共交通必须被赋予维护个人机动性的唯一手段这样的特色。教育的过程必须清晰地说明,大容量公共交通及支持大容量公共交通的发展模式是保护机动性导向生活方式的唯一方法。

  从政策角度来看,将大容量公共交通强加给不愿意使用的公众并不是提供满足个人机动性需求的交通运输网络的替代品。阳光地带的城市将继续作为依赖小汽车的、多中心的地区而持续增长。规划面临三重挑战:在低强度开发地区,从环境和美学两个方面促进最高质量的汽车导向的发展;通过要求制定考虑到减少小汽车依赖的分期开发规划,预留未来增加开发强度的机会,并确保为未来的公共交通预留路权;以及通过在潜在的公共交通走廊内和公共交通节点处鼓励更高强度的开发,刺激开发以支撑公共交通发展。

  在更加物质的层面上,必须更全面地意识到交通对提升活力的重要性。它决定了所有城市的增长模式。建筑界的格言"形式追随功能"在城市中有其推论。在如今的城市设计中,形式将要追随停车、街道设计和公共交通。当意识到这一框架将会产生城市形态后,土地利用和交通需要同时构思就显得势在必行了。从技术的视角来看，专业人员需要重新调整他们的努力；工程师们则需要接受以更少空间做更多事情的挑战——更少的路权，更大的交通量。环境设计师需要提出质量导向的街道标准，因为有必要重新建立公众路权在提供公共空间和服务于行人方面的作用。街道应该被设计成令人愉快和令人难忘的步行场所，而不仅仅是实现车的移动。规划师必须制定一系列的方案，以提升个人机动性。公共交通线路和换乘车站应在规划进程的早期就得以确定，以鼓励有利于增强机动性的土地开发模式。

关于实施策略，政治掮客们更有可能在总体上支持一个交通运输管理计划，而不是分别提出的、特定的大容量公共交通方案。如果大容量公共交通的建设需要1亿美元，那么为"交通运输改善"要求3亿美元要好得多，将其中的三分之一分配给高速公路，三分之一分配给城市道路，三分之一分配给大容量公共交通。出于某些原因，固定的菜单要比照着菜单点选出同样的项目要来得令人愉快得多。此外，全面的计划必须得到量化分析的支撑，以清晰地说明由均衡的交通运输系统所创造的长期价值以及引起的边际短期成本。有意义和易于理解的数据将大大有助于建立共识和制定一个可行的财政策略。

圣迭戈的交通运输问题与解决方法

圣迭戈公共交通的历史实际上是一个"从过去到未来"的故事情节。在1886年，圣迭戈市已有若干条由圣迭戈有轨电车公司（San Diego Streetcar Company）运营的马车线路。到1890年，圣迭戈悬索铁路公司（San Diego Cable Railway Company）在两条线路上运营12辆车辆。由约翰·D·施普雷克尔斯（John D. Spreckels）支持的圣迭戈电气化铁路公司（San Diego Electric Railway Company），于1891年成立。这个新公司收购了圣迭戈有轨电车公司连同若干家小公司的轨道，并致力于运营电气化铁路系统。到1897年末，电气化得以完成，该系统持续增长。它于1925年达到了其最大规模，即拥有107英里的单轨。

随着20世纪20年代后期小汽车的繁荣和大规模生产，小汽车的拥有和使用得到迅速扩张，公共交通使用率开始下降。圣迭戈在第二次世界大战后的增长是迅速的,并且大部分增长为位于郊区。到 1970 年,80% 的家庭都拥有一辆小汽车,人口密度相对较低。核心地区的人口实际上有所流失。社会布局变得分散化;联邦资金对高速公路建设给予资助,停车非常便宜,经常是免费的。联邦高速公路资助和福特汽车公司(Ford Motor Company)的销售等经济力量如果不说是诱导,也可以说是支持了城市蔓延。

20 世纪 60、70 年代见证了向地方化公共交通的回转。出现了一些零零碎碎的服务,以满足各个社区的需求。倘若人们在单一辖区内生活、工作和娱乐,那么该系统将会运作得非常成功。但现实情况是,虽然有均衡的社区规划,但各种娱乐和就业机会往往会将区域的人口混合起来,如此一来人们就并不在单一的社区内居住和工作。由分散的社区和大量的人口增长所造成的持续增长的区域间出行引起了我们如今的交通运输问题,也产生了公共交通的计划。

圣迭戈和其他主要大都市地区的问题并不令人惊讶。1972 年清洁空气法案(Clean Air Act)的失败已经到来,并伴随着联邦资金潜在的破坏性损失。大量的土地用来移动和存放小汽车是一个更显而易见的问题,它会影响到环境质量、土地价值和城市的税基。此外,丧失于愚昧通勤中的人力资源不计其数。更重要的是,整个系统对石油价格的依赖呈现出了一个可怕的前景。目前,圣迭戈城市高速公路总里程数的 10%~15% 处于 F 级服务水平,也就是,车辆一辆接一辆地行驶。如果目前的增长率和提议得以持续,那么到 2000 年,该数值会增长至 39%。

这些问题和有创见的政治领导一起,在 20 世纪 70、80 年代产生了一系列规划和计划。首先和最重要的就是我们在公共信息方面的努力,即"乘车选择"(Ride Choice)。乘车选择计划提倡通过通勤计算机程序实现合乘、停车换乘截流式场地、上下班交通车合用小组、电话约车和常规地使用公共交通。该程序在唤醒人们对公共交通选择和交通影响方面的意识上获得了巨大成功。圣迭戈人非常捍卫他们的生活质量和环境质量。当了解到一辆公共汽车将会消除 60 个有碍观瞻的停车位,所有出行的 80% 都是单向客流,圣迭戈城市中每个男人、女人和小孩平均每天出行四次的时候,大多数圣迭戈人都感到很震惊。除了像这样的信息公开之外，都市区公共交通发展理事会为所有的公共交通服务提供了程序协调。这在成就了公共交通的通行证制度和相互兼容的时间安排的同时，由各自的市政当局保留每条线路单独的所有权。

1987年，圣迭戈的市民支持采用0.5%的销售税，并预计在未来20年将产生25亿美元。这项投票措施同时还指定了资金将用于哪些改善，其中大约有三分之一用于改善大容量公共交通。在这7亿美元中，80%将被用于有轨电车线路向北和向东的延伸。这笔资金还将资助另外的公共汽车服务以及沿着美国铁路公司（Amtrack）的路权通往海边（Oceanside）的柴油火车的运营。剩下的17亿美元将被平均分配于州公路和地方街道与道路建设。这项税收不仅预示着大容量公共交通正越来越受欢迎，同时还预示着政治上的重要事实，即选民相对于税收而言更不喜欢交通量。

现有的和提议的设施都取决于有轨电车和列车发车频率，以使得公共交通的选择方案可见和可行。由都市区公共交通发展理事会在多式联运方面的努力所提供的相关系统之间的协同作用，被中心城区公共汽车日益增长的乘客量所证实。城市中心区正规划一个包括有轨电车车站、公共汽车换乘点和混合使用的办公、零售和停车的综合体建筑在内的重要的中心城区交通车站。

有轨电车的引入不仅产生了都市区公共交通发展理事会，还产生了其总部。该项目起先的目标是建成一幢不张扬的六层办公大楼。但自从项目开始后，不仅在规模上几乎翻了一倍，其计划也得以扩张，将零售用途和截流式停车场也包含在内。

圣迭戈东部地区的社区将很快得到欧几里得线（the Euclid line）的服务。到2000年，将总共建成超过90英里的轨道，具有讽刺意义的是，这比1925年运营的轨道长度少了17英里。

发展与激励

当下的政策通过中等密度和混合用途的区划规定促进了公共交通站点的发展。在城市中心区东部（Centre City East）已经制定了公共交通的覆盖规划，在有轨电车车站的步行距离内限制小汽车的强度，以鼓励步行导向的发展模式。最近制定的中城规划分区（Mid-City Plan District）将密度的梯度与公共交通廊道直接联系，并减少住宅的停车需求。

密度奖励，宽松的停车需求和公共交通的有效性正在慢慢地将原本未得以充分利用的中城区（Mid-City）几英里的商业带转化成一个城市社区有活力的核心地区。举例来说，如果有人想要在商业带上建造一个便利店，最大容积率是 0.25，这样的容积率对于那类开发而言基本上是必需的了。然而，如果他们愿意的话，可以建造更多的商业面积，作为中等密度的居住项目配套建设的一部分。这种奖励，与混合使用在小汽车停车需求方面的减量结合起来，使紧凑开发的经济性显得非常有吸引力。

圣迭戈市还提出了全市的景观要求，确保高质量的小汽车导向的发展。这些要求规定要每四个停车位种一棵树，每 30 英尺长的临街面种一棵行道树，建设景观大道，在居住区内的庭院正面禁止停车，以及在停车场和公共路权之间提供缓冲带。这些景观方面的规定，与低密度、单一功能的开发中增加的停车需求一起，正在改变开发形式。当要求采用精心设计的街道开发形式和增加更多城市公共交通导向的开发模式的吸引力时，城市蔓延的经济性发生了根本改变。

最后，我们成功地要求了开发商资助密申谷线（Mission Valley Line）。这是系统中的一条关键的连接线，将北线、南线和东线以功能环的形式连接在一起。该系统将大大有利于缓解交通流量最大的高速公路之一——州际 8 号公路上的交通拥堵。预期减少 6% 的交通生成量，如果开发商"全程参与"的话，圣迭戈市议会可为开发商提供多达 10% 的开发强度奖励。全程参与意味着提供 35 英里长的路权、为车站和轨道装置提供资金，并且同意参与到未来的评估分区中。同样，作为密申谷（Mission Valley）融资规划的一部分，要提供一个谷际的小公共汽车，将法定的混合用途开发、公共交通车站和附加的停车设施的连接起来。此处的基本策略是仅仅以提供基础设施的速度允许开发相应地进展。因此，每个人的积极性都被调动起来，使系统能尽可能快地向前推进。我们当时计划在 1995 年到 2005 年之间完成整个项目。

机动性规划

发展我们固有的轨道系统仅仅是大量机动性规划程序的一部分。该程序是一个综合的、全市性的规划实践。在特定社区的基础上，它将会对停车管理和需求管理作出规定，以促进公共交通的利用和总体规划的交通改善计划（见图1、表1和图2）。当下地方议会的政策要求所有的社区规划都将公共交通考虑为构成整体所必需的组成部分，并提出其他的规划要素以具体地促进城市的公共交通目标。

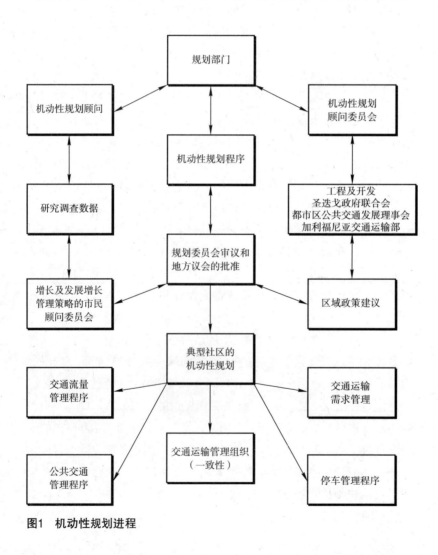

图1　机动性规划进程

机动性规划的组成部分　　　　　　　　　　　表1

组成部分	实施内容	成果
交通流量管理	交通运行	道路交叉口及道路的拓宽 单行道 转弯车道的设置 转向行为及车道使用的限制 使用路肩的新高速公路车道
	交通控制	本地道路交叉口信息改善 主要干道的信号系统 地区信号系统 高速公路分流和公告信息 高速公路的监视与控制
	车行道路的分配	主要干道上完全隔离的公共汽车道 公共汽车专用道 逆向行驶的公共汽车道 可逆的车道系统 高速公路上的高载客量小汽车的分离道路 高速公路上的全隔离高载客量小汽车道路用地 路内装载区域 路外装载区域 高峰时段禁止路内装载 货运线路系统
	行人与自行车	加宽人行道 人行立体交叉 自行车道 自行车的存放 人行控制屏障
公共交通管理	公共交通运营	公共汽车线路与时刻表的修订 快速公交服务 公共汽车交通信号优先权 公共汽车首末站 简化的收票款装置
	公共交通的经营管理	行销方案 维修改进 车队改进 运营监督程序
	多式联运	停车换乘设施 换乘改进
需求管理	辅助客运系统	拼车配对计划 上下班交通车合用小组计划 出租车/拼团搭乘计划 电话约车 小公共汽车服务 老年人与残疾人士的服务 高载客量小汽车优先停车
	工作时间表	不定时的工作时间和灵活运营时间 每周四日工作制
	价格	高峰小时通行费 低载客量小汽车通行费 汽油税 高峰/平峰公共汽车票价 老年人与残疾人士票价 降低公共交通的票价
停车管理	停车规章	新开发的停车需求 路边停车限制 居住区停车控制 路外停车限制 停车费用的变化
	受限制地区	区域通行证制度 小汽车限制区域 步行商业区 居住区交通流量控制
	行销方案	地图 标志 补贴制度

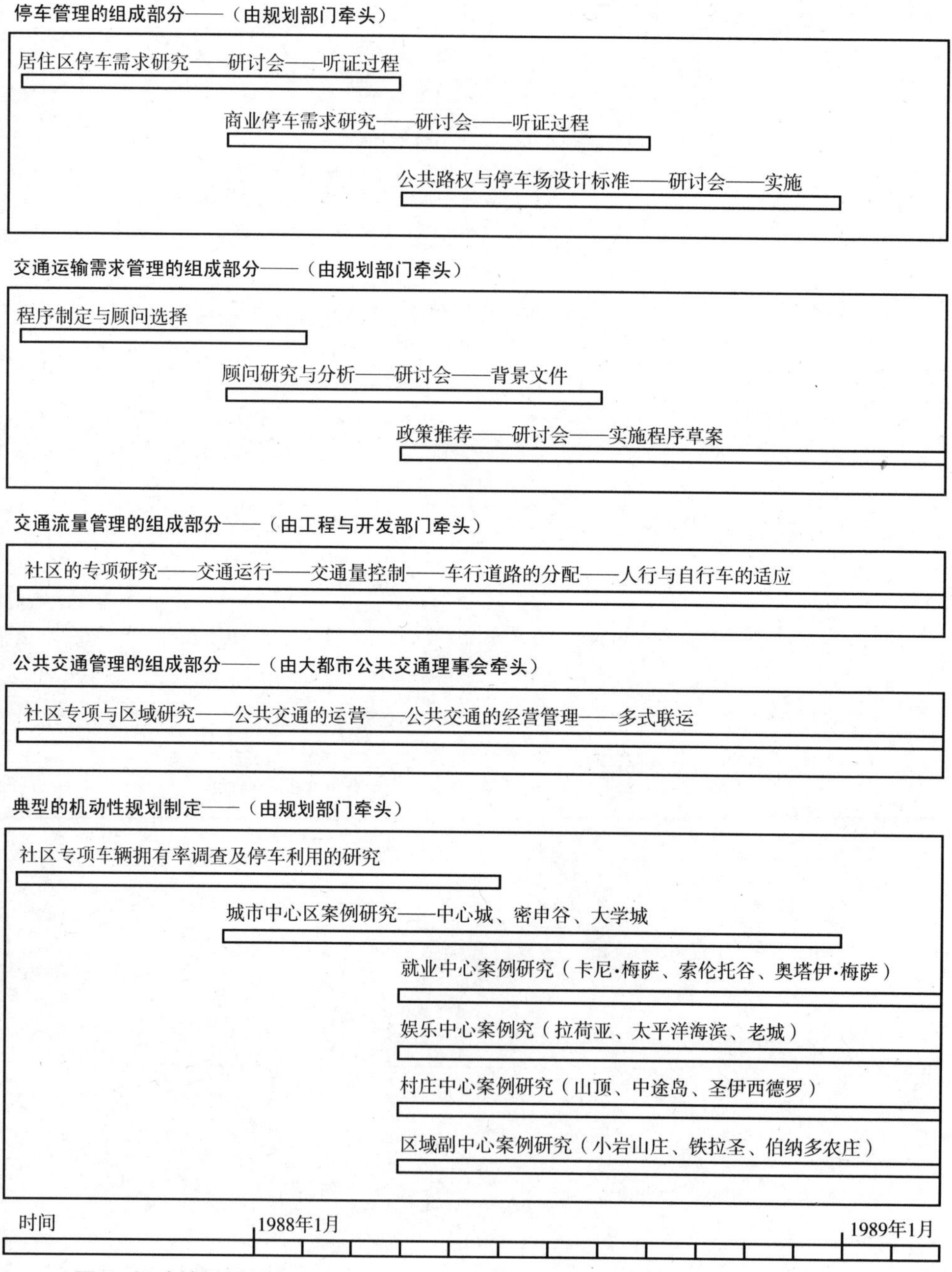

第二部分 公共交通发展的案例研究

停车管理的组成部分——（由规划部门牵头）

居住区停车需求研究——研讨会——听证过程

商业停车需求研究——研讨会——听证过程

公共路权与停车场设计标准——研讨会——实施

交通运输需求管理的组成部分——（由规划部门牵头）

程序制定与顾问选择

顾问研究与分析——研讨会——背景文件

政策推荐——研讨会——实施程序草案

交通流量管理的组成部分——（由工程与开发部门牵头）

社区的专项研究——交通运行——交通量控制——车行道路的分配——人行与自行车的适应

公共交通管理的组成部分——（由大都市公共交通理事会牵头）

社区专项与区域研究——公共交通的运营——公共交通的经营管理——多式联运

典型的机动性规划制定——（由规划部门牵头）

社区专项车辆拥有率调查及停车利用的研究

城市中心区案例研究——中心城、密申谷、大学城

就业中心案例研究（卡尼·梅萨、索伦托谷、奥塔伊·梅萨）

娱乐中心案例研究（拉荷亚、太平洋海滨、老城）

村庄中心案例研究（山顶、中途岛、圣伊西德罗）

区域副中心案例研究（小岩山庄、铁拉圣、伯纳多农庄）

时间　　1988年1月　　　　　　　　　　　　　　　1989年1月

图2 机动性规划程序

圣迭戈公共交通与规划技术

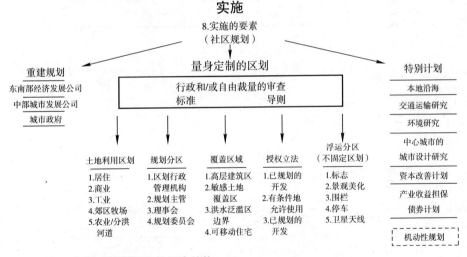

图3 规划政策和程序的层次结构

规划政策和程序的层次结构的说明见图3。

总体规划（General Plan）建立了各分区域的政策，以指导城市应在何时何地实现增长。增长管理战略（Growth Management Strategy）指定了城市储备用地、城市化中和已城市化的地区。该策略与城市设计要素（Urban Design Element）一起，对如何形成高质量的开发进行指导。规划程序层次结构中的下一个层面由 52 个单独的社区规划构成。这些社区规划认识到存在于每个邻里社区中的有关开放空间、住房、交通和城市设计的独特个性和机遇。每个规划的"实施要素"(Implementation Element)详细地说明了要实现规划概念的有效工具。其机制从重建和资本改善计划到土地利用规则和评估分区各不相同。当下的政策是使用为每个特定的邻里社区量身定制的行政划拨或依法获得的区划,而不是无差别地应用全市性的控制或任由警察报复性的"个人品位"执行的可自由支配的强制性审查。

很多已经成功实现的计划中并没有记录单个的"城市奇迹";它们都是参与性规划的产物。圣迭戈规划的这一关键要素,如图 4 所示,为建筑师、规划师、开发商和社会利益的志愿者参与愿景和行动规划的制定做好了准备。

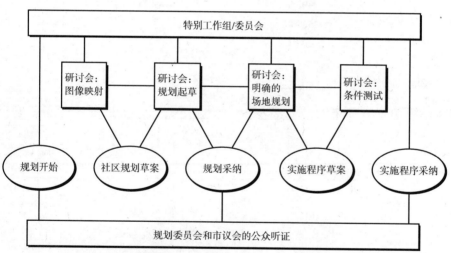

图4　社区规划发展与实施的参与进程

更广泛的规划背景

除了已讨论过的计划外,圣迭戈市政当局还启动了若干其他积极的规划措施。这些规划实践涉及城市应该如何增长,以及在何时、何地增长。目前我们正在重新制定基本的增长管理策略。面对建设延期偿付和投票式规划的恐惧,开发行业正在欣然接受从"费用发生拨款制"的思想到"把老账还清才能继续推进"的要求的彻底转变。先前的鼓励在其他的社区内实现填充式发展的策略效果非常好。大容量公共交通所提倡的可被称为"能支持公共交通的重要力量"的东西被居民们视为城市过度填充,这使学校、公园和基础设施在到达转折点前一直背负着巨大的税收负担。

  在响应这些力量方面,正在考虑公共设施融资的若干方法,例如物业转让税、特殊的评估分区、增税手段、增长的销售税和普通的债务债权。除了这些较为传统的直接手段外,还有一些创新性的方法。我们正在考虑通过捐助路权或公共改善的资金,来换取开发密度奖励的激励因素。允许获得的开发强度与公共交通有效性之间的挂钩越来越紧密。

  一些社区确实在提倡沿着公共交通走廊实施强制性的最小开发强度的要求,以确保开发压力从现有的敏感地区转移。所有的社区规划都在强烈的均衡发展概念下得以制定。这一概念的应用指导了商业、居住和办公空间的增长,以至于他们在规划中的相互邻近性导致了更少的出行生成。重要的是,要注意到这些计划可能会导致更少的出行,但可能并不会大幅度减少小汽车的平均拥有量。

  全市性的停车需求的审查目前正在进行中,我们并不期望会降低居民的需求。然而,当下的提议确实在访客停车和商业区停车方面提出了大量削减,以作为对混合用途、高强度的公共交通可达地区的开发的认可。在圣迭戈中心城区的核心地带,那里有着稠密的公交线路服务,提倡最大停车量从来没有成功过。在1985年,提出了一个建立办公停车比的上限值的概念,为每1000平方英尺办公空间提供一个停车位。该方法遭受一定程度的失败,因为有人声称市场需求很明显是每1000平方英尺办公空间需要4个停车位,尽管开发商目前仅为每1000平方英尺办公空间提供1.5个停车位。在任何情况下,为每1000平方英尺提供4个停车位都无法建成一个舒适的城市。目前正在形成一个备选提议,提出相当于每1000英尺提供4个车位的规划需求。该提议的概念将允许其中的一个停车位完全以附属形式在现场提供,一个停车位则以公共停车的形式位于其影响区内,另外两个停车位作为截流式停车位位于现有或规划的公共交通线路沿线。"替代"供给制度与对减少现场停车的奖励一起,将同样有效。

除了这些使公共交通变得更有吸引力的复杂方法外,市政当局还将探索中心城区咪表的使用和场地停车费用的增长,以及激进的罚单执行计划,例如将频繁冒犯者的车辆驱逐出去、指定高载客量的汽车车道等,此外还有全市范围内必需的需求管理技术,例如雇员公共交通补贴、远程办公、灵活的工作时间、区间公共汽车服务和拼车优惠停车费等。应当注意的是,激励计划仅有在基本要求足够高以使它们具有吸引力的情况下才能奏效。

在对一系列规划和程序进行思考时,继续提出问题是非常重要的,"如果获得了我们所要求的,为何我们没有得到我们想要的呢?"随着越来越复杂的土地利用控制的制定,有时一些基本的目标变得模糊起来,或逐渐地消失在规则的复杂性之中。引用旧金山前任规划主任艾伦·雅各布斯(Allan Jacobs)的一句话,"最终,没有一项激励因素看起来像一个要求。"

萨克拉门托轻轨：经验教训与建议

温迪·霍伊特（Wendy Hoyt）
萨克拉门托（Sacramento）区域公共交通集团
规划与发展部门
副总经理

萨克拉门托公共交通集团（The Sacramento Transit Property）服务于萨克拉门托的城区和县，其服务面积为半径340英里的范围。萨克拉门托市，即加州首府，拥有大约40万的人口，另有40万居民居住在未包含上述范围的县里。萨克拉门托并非沿海地区，而是内陆，位于旧金山以东的加州中央山谷（California's Central Valley），直到不久以前，都还以农业土地为主。

萨克拉门托公共交通集团是一个小型的公共汽车公司，在其巅峰时期也仅仅拥有186辆公共汽车。区域公共交通部门（Regional Transit）每年运送约1600万乘客，折合每日6万乘客。我们在县内拥有80条公共汽车线路，每日行驶3万英里。我们运送通勤者、购物者、学生和旅游者。以前，每天有37条不同公共汽车线路汇集到I–80和U.S.50这两条主要干道上，天天如此。这些公共汽车让乘客从郊区上车，然后通过那些主要干道将他们带入城区。对于使用这些运营费用让所有公共汽车和司机都运营在相同的两个廊道上，我们判断这样做是无效率的。因此我们建设了一个干线轨道系统，并且利用公共汽车系统为其接驳。我们还开发了集中的公共汽车接入点。我们仅有六个主要的公共交通中心，让乘客实现公共汽车之间以及公共汽车和轨道交通之间的换乘。

该系统的成本大约为每英里960万美元。我们从中转移资金的州际公路项目的成本将会达到每英里2500万美元。我们有能力使用相同数量的司机运送先前公共交通系统所能承载的10倍人数。我们的轨道运营人员都是从公共汽车那里调任过来的，他们每小时的收入与先前相等。因此，以那样的每小时的花费，我们现在使用四节车厢编组的列车能够运送700人，而不再是以前采用公共汽车运送70人。我们正在节约一大笔运营资金，现在运营资金是非常珍贵的。

在过去的五到十年中，社会变化巨大，并且从规划的角度来看，在未来的十年内还将发生十倍的变化，因为人们已经发现我们的劳动力资源丰富而且土地成本较低。

预期增长

由于萨克拉门托目前是美国增长最快的大都市区之一，我们开始更多地从区域角度思考其发展。在萨克拉门托及其他具有"大发展趋势"（Megatrend）的城市中所做的决策相比由规划师在缓慢增长或无增长地区所做的类似决策而言，会产生大得多的影响。实施是如此的迅速，以至于没有时间来像在其他社会中那样对过程进行重组或更改。

在如此情境下，拥有一个人人（公众、民选官员和工作人员）都可以共享的重点发展方向非常重要。在15年或20年后想达到什么成就方面，需要达成共识。与此相关的是需要与当地政府机构和社会进行协调。一个公共交通机构不能孤立地做规划；它必须使城市、县和州政府以及区域政府理事会都参与进来。工作人员必须参与到技术工作组中，该工作组的任务是对系统进行规划，并考虑替代方案的分析和长期规划。在设想和方法方面达成一致是必要的，尽管这有时难以实现。还必须考虑到中心城区的就业基础。我从来没见到过一个关于有多少人在中心城区工作的问题没有争议的社会！

公共交通规划需要和其他规划相互协调并在其他规划中有所记录。在加利福尼亚，我们在市和县两个层面都有州政府授权的总体规划和社区规划。同样，我们还有公园和文娱部门（Parks and Recreation Department）的总体规划和街道和道路的长期规划。上述的每一个规划都应包括主要的公共交通廊道，无论是采用轨道或是公共汽车专用道。它们应当包含附属的公共交通设施，例如主要的停车换乘场地。开发商需要了解有关公共交通廊道和预期的公共交通中心方面的信息。这些不能仅仅出现在公共交通机构的规划中。在进程的早期就将珍贵的路权预留下来，是明智的做法，即使还不确定将来要使用何种技术。在5年或10甚至15年以后再回过头去重新改善那些廊道就太晚了，因为随着社区不断地扩建，这些廊道都会遭到侵占。

不管融资组合方式如何，是销售税、评估分区或是开发商的土地贡献，都必须保持一个合理水平的融资。我的强烈观点是，财政基础应尽可能不要来自联邦层面。圣迭戈能够成功实施它所做的轨道线路建设，是因为它所使用的是地方资金。这就给了他们对于想做的事情、在哪里做这样的事情，以及尤其是在什么时候做等等以地方控制权。而联邦许可则需要很长一段时间。

长期的规划和融资必须尽早到位，因为行动被耽搁到交通问题变得很严重的时候，普通民众会开始抱怨，这时就太晚了。这就是洛杉矶和底特律如今所面临的情境。它们到处都建满了以至于没有路权可用，而且由于退界不够，道路拓宽也变得不可能了。最好是在建设或拓宽任何的主要交通干道或公路时，利用这样的机遇以尽早获得土地，使之至少容许一条高容量车道或轻轨车道的建设。

我有七年时间在底特律的一家服务于七个县的公共交通集团工作。在该服务区域内共有超过500万人口，基础设施是在几十年前建设的，那时底特律正在经历着小汽车产业的繁荣。该地区增长非常迅速，正如萨克拉门托如今的快速增长一样。我在底特律的许多时间都用于纠正以前所犯下的错误。我们在一个建成社区内已拥有基础设施，需要对其进行改进并将公共交通引入其中，以在事后应对大量的交通和开发的影响。那真是一个令人沮丧的环境。从底特律，我学到的是我们不能走回头路。洛杉矶试图以每英里4亿美元的造价建设重轨系统就是一个警示，同样，底特律试图以每英里近8000万美元的造价建设轻轨系统亦是如此。在社会发展周期的早期建设公共交通要好得多，也必然要便宜得多。

与他人协同工作

在我们的规划部门，并没有对土地利用决策的控制，这是公共交通规划机构的特点。有关协调土地利用与公共交通方面，我们与发展和规划团体进行商讨。我们拥有一个程序，即进入市或县的每项开发申请都需要由我们对其给公共交通带来的影响进行审查。我们可能会建议在所提交的公共汽车候车亭设计或一个大项目中的轻轨车站或路权贡献方面进行修改。重要的是，我们在进程的一开始就要求他们修改。

我们每个月审查100到150个开发申请，这是一个由非常有限的工作人员所承担的一个耗时的工作。但还是得到了良好的回报。我们的很多要求都得到了同意。特别地，我们试图确定一个地区未来的公共交通需求以及一个规划或设计是否能促成这种需求。在底特律，社会中的很大一部分都是以将公共交通排除在外的方式建设的。私营部门来找我们说，"这里确实需要公共交通，因为我们存在交通问题。"但是我们并不能为他们服务，因为他们布局太分散，距离太遥远而采用很长的公路支线接入，或者是因为他们的转弯半径太小，或者是净空太低以至于公共汽车没法驶过。即使在资金可以获得的情况下，诸如这些基本考虑因素决定了公共交通能否在未来被结合进去。

阻止低密度、散布的产业综合体和办公大楼的申请是明智的。要求开发商完全改变他的规划太难了，但可以鼓励他采用备选方案，例如，将开发聚集起来，这样就能形成小型的服务节点。在主要的交通干道沿线，可以鼓励形成高密度的开发。沿着公共交通走廊的填充式开发是明智的，不仅是出于公共交通的原因，还因为其他基础设施也位于那些地方——学校、图书馆系统、公园等等。我们鼓励高密度的开发选址于铁路车站或公共交通中心或至少是位于主要交通干道的沿线。

我们还强调停车设施的共同使用，因为大量的地面停车场并不是土地的良好利用方式，而且要维护这些场地对我们来说也极其昂贵。在商业发展建议中，我们要求一定比例的停车空间在日间应共享使用，通常为上午6点到下午6点。我们拥有多达250个停车位的共享停车设施的承诺。我们预付的资金成本很低，并且仅仅向开发商支付一些额外的成本。

我们不鼓励私人雇主们过度的免费停车。相反地，我们鼓励雇主们每月补贴40美元的公共交通乘车券，而不是为员工提供免费停车。市和县政府非常配合我们，但要说服开发商建造一个停车位

（1～1.5万美元）并且在未来20年中对其进行维护要比为员工提供免费公共交通的成本要高，还是要费一些周折。

如今我们的市和县都有削减出行条例。该条例不鼓励使用小汽车进入中心城区和主要的活动中心。我们同样拥有与轨道廊道相一致的路权保护的长期规划。当提交重大开发提议时，我们获得了长达6英里的路权致力于公共交通的使用，尽管我们可能并不知道在那条廊道内何时会提供公共交通服务。我所告诉开发商的事情之一是如果他们在任何时候想要在服务区域的北端看到公共交通，他们必须要给我们去那里而不是其他地方发展的激励措施（即，路权贡献以及车站建设的捐助），并且还告诉他们现在为我们预留那个路权是对他们有利的。

在审查开发申请和与市和县规划工作人员的讨论过程中，有必要与社区咨询委员会、规划委员会、市议会或监督委员会（Board of Supervisors）一起，在进程的早期就开始，并持续地对申请和环境影响的阶段进行评论。这需很长的工作时间，但对我们而言，值得这么做。我们现已获得了来自于县政府的大笔资金承诺，然而在过去我们并没有成功过。他们最近在一个每英亩售价为35万美元的地区，要求贡献四英亩土地用于建设一个停车换乘场地。我们不受金钱所累地获得了该土地，因为我们在一年前就开始为之努力，因为每一次开发到达一个里程碑的时候，我们都在现场，还因为我们持之以恒地请求做同一件事情。

同时，我们并不对我们不需要的任何东西做出要求。我们在提出要求之前都会有所计划："我们是不是太理想化了？"，我们会问自己，"我们真正需要6英亩地吗，或者只用3.5英亩能行吗？"。我们仅仅对我们所需要的提出要求，因此我们可以向开发商和民选官员证明我们的要求是合理的。并且我们会说明具体打算用它做什么以及为什么需要它。那样就建立了公众和民选议会对我们的信任度，并且我们的持之以恒确实获得了回报。

为公共交通决策安排时间

美国很多地区都声称是独特地以小汽车为导向的。小汽车就代表了我们作为加利福尼亚人、得克萨斯人或底特律人的自由和个性。我去过的所有地方，那里的人无不告诉我他们的城镇是与众不同的，因为人们是以小汽车为导向的；在底特律这个"小汽车城市"（"Motor City"）："公共交通在这里永远不会奏效，因为我们是世界的小汽车之都；"在萨克拉门托："加利福尼亚是如此的以小汽车为导向。我们都拥有自己的宝马；没有人会选择乘坐公共交通。"但是，公共交通与人们的价值观或者城市的地理位置并无关系。它与经济、便捷性以及社会发展阶段有更多的关系。

城市处于哪个发展阶段会影响公共交通在社会中的适宜性，并且可以在较短时间内发生巨大改变。在萨克拉门托，几年前拒绝使用公共交通的人们现在正在乘坐轨道交通，并且在五年后，我们将看到比现在多得多的人使用公共交通。当公共交通能提供比小汽车更好的服务时，人们将会使用公共交通。倘若交通拥堵更严重，那么公共交通会成为一个无障碍的选择和时间管理工具。当公共交通出行时间的节省程度比小汽车更大时，人们就会使用公共交通。当存在资金节省时，当城市中心区或主要的郊区活动中心的停车费率变得如此之高以至于小汽车停放会花费太多的钱时，人们就会使用公共交通。

在我在底特律的任期内，我们试图在一个仅仅通过公共汽车每日运送8万人的现有交通廊道上建设一个轨道项目。然而底特律最终仍然没有拥有那条轨道廊道，因为他们要建设该系统，将花费10亿美元的成本。然而在萨克拉门托，在整个区域中，我们每天仅运送6万人，我们现在已拥有了一个18英里长的轨道系统，该系统的建设成本为1.7亿美元。我们能做成这件事，是因为在我们增长周期的早期就开始建设。我并不知道我们中有没有人能奢侈地建造另一个亚特兰大、迈阿密或华盛顿的系统。我对能够获得资金深表怀疑。最好是在当下就保护好现有的路权而不是等待以后某时再将公共交通布局于理想的位置。到时候代价可能就太高了，而这正是底特律案例所揭示的。

我在萨克拉门托的前任工作者很早就决定将资金从一个州际项目中转移出来，并且投入到轻轨项目中，期望轻轨项目最终能每日运送2万人。他们并没有意图将其做成一个重要的重轨系统。他们在土地还能够获得的时候就实施该计划。其成本是如此之低以至于他们仅使用了1.7亿美元就建成了整个系统——折合为每英里960万美元，整个系统还包括维修设施和所有的轻轨车辆。这是美国有史以来使用联邦资金建设的最便宜的轻轨系统。虽然圣迭戈的轻轨系统更便宜一些，但他们是采用地方资金建设的，因此绕开了一些联邦层面的要求。

阿德莱德的自动化公共汽车专用道

艾伦·韦特（Alan Wayte）
阿德莱德（Adelaide）自动化公共汽车专用道
项目组经理

澳大利亚阿德莱德市是一个拥有约 100 万人口的大都市区中的一个城市。大都市区的个人交通很大程度上由小汽车主导，其比例大约占到所有出行的 83% 左右。其余出行则主要由一个相对较发达的以公共汽车为主的公共交通系统来承担。四条重轨线路则服务于更偏远的居住区。一条老轻轨线路在市中心和海滨郊区之一之间往返运行，除在市中心外都运行在独立的路权上。轨道交通承担了所有公共交通出行的 20% 左右；其余出行则通过使用街道和公路上的传统公共汽车来完成。整个公共交通系统的运营面临巨大亏损，资本支出回收率大约为 40%。该系统的公共汽车部分的资本支出回收率要比轨道部分好得多；尽管两种交通方式乘客量比例有 80 ∶ 20 的区别，但总的亏损几乎是两种模式等量分担。

在 20 世纪 60 年代，各项交通研究的结果是提议通过大量发展高速公路来应对预计的交通量增长，并且此时，土地预留与购买开始了。到 20 世纪 70 年代，对环境恶化和能源保护的关注导致了对小汽车的无限量供给形成了公共和政治上的强烈反对，随后除了建造穿越山体进入州际高速公路的城市出口段外，再也没有建设高速公路了。

同样的关注还导致了改善公共交通系统服务质量的重大努力，起初是通过车队的扩张与更新（并且在较小程度上，是对轨道车辆数的扩张和更新），以及通过公共汽车线路和南部轨道线路的延伸至发展中的外部郊区来完成。我们对所提供的不同服务类型进行了尝试，并进行了各种各样的市场研究。我们有意识地将票价的上涨幅度控制在一般通货膨胀率以下，将保本运营转换为拥有较低资本支出回收率的运营。

但是整体效果并不理想。乘客量的增加通常来说还是与人口增长相关，并且大多数人依然继续驾驶小汽车出行。燃料消耗量是下降了，但主要原因是更小型的汽车使用量有所增加。

高速公路廊道成为公共交通廊道

这段时期的成果之一是对于先前保留的高速公路廊道的审查以对它们成为公共交通廊道的潜力进行评估。显然东北部的廊道拥有最高的优先权，因为它服务于一片重要的人口增长区域，该区域有强烈的前往中央商务区的出行需求，并且该片区目前并没有被任何现有的轨道交通所服务。它仅仅依靠地面公共汽车，因此其出行是漫长而不舒适的。此结论导致了在1977～1979年间对大都市区的该部分进行了一次重大的公共交通审查。该审查除了测试不同的公共交通方式选择外，还旨在建立公共交通需求，并包括了对社会、经济、环境和土地利用问题的研究和分析。我们通过在社区内分发工作底稿、召开公共会议以及与当选的地方政府机构、当地居民协会和公共交通工作组的咨询等方式来寻求公众参与。

所包含的公共交通方式选择有：廊道内的重轨、从现有的北部铁路线分支出来的重轨、廊道内的轻轨、廊道内的公共汽车专用道、通过道路改造提升现有的地面公共汽车服务以及各种形式的更高级的导轨和自动化系统。很明显，唯一可行的选择是要么将现有的公共汽车服务进行升级，要么在廊道内建设一条全新而独立的线路，我们更偏向于采用廊道内新建线路这一选择。至于采用哪种技术更合适，是轻轨还是公共汽车专用道，我们就不那么清楚了。

在达成这些结论的过程中，土地利用的问题是非常重要的。大都市地区的开发被一个相当严格的发展规划所控制，该规划对于在任何一个特定地区可能出现的开发都指定了其开发类型。在进行研究时，东北部的区域中心（the Regional Centre of the Northeast）在它所指定的场地上早已发展完善，现存设施包括主要的零售业、地方政府和医疗设施。这有效地规定了新系统的终点站应位于该区域中心，并由为之服务的公共汽车系统进行接驳。我们对中途站的一些开发机遇进行了研究，但最终没有被积极执行。

环境问题同样十分重要。主要关注的问题是美观、噪音影响、空气和其他污染以及对既有居住区的影响。在沿着两英里长的阿德莱德唯一一条河流——托伦斯河（the Torrens）——的廊道线路上出现了一个特殊问题。该河很窄，因上游水库控制出水量而仅仅在夏天有水流经过。尽管如此，对一个低降水量城市而言，这是十分重要的，并且在受到威胁时会引起相当大的情绪。环境影响报告草案（Draft Environmental Impact Statement）中提及了所有问题，它们包括对各项研究议题结论的全面总结，还包括了为在整体上减轻对城市环境的影响所要采取的措施。

在轻轨与公共汽车专用道之间的选择

1978年，有关部门决定开始进行廊道内的轻轨系统的初步设计，该决定主要是基于对环境的考虑。相比于传统的公共汽车专用道，轻轨将占据更少的路权，干扰程度更低，在运营中预计会更加安静，在线路沿线将导致更少的空气污染，并且能提供一个更舒适的乘车环境。尽管没有任何选择比使用常规的经济分析所证明的优势来的更好，但经济评估使轻轨更受青睐。从社会调查中也可发现公众更偏好轻轨方案。

在为更受青睐的轻轨方案进行初步设计工作时，预计的成本大幅度上升，这在很大程度上是由于需要在关键的道路交叉口设置额外的立交，对环境保护措施进行升级，以及添加一个中心城的隧道而不是在地面运行。这些，外加在1979年选举中执政党的改变，导致了决定中止该项工作并重新审查交通方式的选择。

此时，戴姆勒奔驰（Daimler-Benz）和艾德苏柏林（Ed Zublin）已在德国斯图加特（Stuttgart）开发了O-Bahn导轨式公共汽车系统，并且被认为已发展到适合于公共交通使用的程度。这种形式的公共汽车专用道被添加到我们考虑的选择中。在对新科技的技术方面进行了初步审查后，我们开始重新将廊道选择与基础情况相对照，并且和重轨选择之一进行了比较。到 1980 年末，我们决定在廊道内建设公共汽车专用道，并将 O-Bahn 的一段结合到河谷地区中。在 1981 年中期，初步设计将决策修改成从城市中心的边缘到东北部的区域中心——茶树广场（Tea Tree Plaza）整个 7 英里长的系统全部使用"O-Bahn"轨道。导致此项决策的因素包括：

公共汽车专用道与轻轨的比较：

（1）公共汽车专用道的初期投资费用大约是与之竞争的轻轨方案的 50%。

（2）公共汽车专用道系统的潜在运载能力与轻轨相当，且超过了未来可能出现的需求量。

（3）公共汽车专用道的经济价值略逊于轻轨，但我们认为财政因素的考虑比经济价值更重要。

（4）公共汽车专用道消除了乘客在车站换乘的需要，因为公共汽车可以在运营中一体化地承担接驳和直达线路的角色。

（5）公共汽车专用道消除了在中央商务区进行新建设的需要，因为公共汽车可以以传统方式运行在街道上（这是重大成本节约的原因之一）。

（6）总的出行时间具有优势（由于消除了换乘时间）。

导轨式公共汽车专用道(O-Bahn)与公共汽车专用道/轻轨的比较：

（1）O-Bahn 消除了使用传统公共汽车专用道在环境方面所遭到的反对。

（2）O-Bahn 对于线路宽度的需求与轻轨相同。

（3）O-Bahn 的噪音水平低于传统公共汽车专用道，与轻轨相当。

（4）O-Bahn 的乘车质量与轻轨相当，并且可以在其使用寿命内都保持在这一标准（阿德莱德系统使用的是柴油动力的公共汽车，但为其在相对电源成本或液体燃料供应的限制等因素被证实时转换到电力牵引进行了设计。同时，有人声称相比于阿德莱德正在使用的 50 万辆小汽车而言，这批公共汽车所引起的空气污染就无关紧要了）。

（5）该轨道可高速运营（62 英里/小时）并且比手动转向的公共汽车拥有更高的安全性。

（6）轨道设计确保了在其使用寿命内花费最少的维修开支。

（7）轨道提供了开发替代牵引系统的潜力（电气化）。

(8) 该系统能迅速适应一系列的运营业务和不同车辆（例如高容量、双铰接式列车化的车辆），以满足未来的需求。

阿德莱德公共交通系统

导轨式公共汽车专用道的轨道将城市中心与东北部的区域中心连接起来，全长 7.5 英里。它全线都采取了立体交叉，包括人行过街设施。这些构筑物包括 10 座跨河桥梁、14 个公共汽车专用道/普通道路立交、4 个行人过街天桥和 4 个行人过街地道。该系统的设计运营巡航速度为 62 英里/小时。

在东北部郊区地面运营的 12 条公共汽车线路使用公共汽车专用道以实现高速运营至中央商务区，这些公共汽车线路在外部的终点

澳大利亚阿德莱德市，公共汽车专用道走廊和进入公共汽车专用道前的线路

站或位于线路中点的车站处驶入到公共汽车专用道内。该线路仅提供包括终点站换乘枢纽在内的三个车站。车站之间的地区由地面公共汽车来提供服务，它们在到达线路上的第一个车站后进入到轨道中。车站为公共汽车提供进出轨道的空间，为非公共汽车专用道上的公共汽车服务实现与系统的连接，为直接进出的乘客服务，同时也为停车换乘和停车接送的乘客提供服务。目前整个车队有41辆传统公共汽车和51辆铰接公共汽车在运营服务中。

阿德莱德的公共汽车专用道系统是独立于现有的街道和公路的。对其在沿河地区存在的反对意见已通过在视觉上对河道进行改善以及提供娱乐用途得以解决。

运营时刻表使线路上的每一辆公共汽车的发车时间间隔控制在高峰时段平均10~15分钟，平峰时段平均30~45分钟。这就导致在线路合并处，公共汽车专用道上的车辆间隔时间在1分钟左右（高峰期）和5分钟左右（平峰期）。大多数线路以过境服务的形式运营在外部郊区终点站与城市中心之间。在平峰期，部分线路恢复成为车站地区的接驳巴士。

我们通过将河谷地区开发成一个娱乐用途的线性公园，克服了在廊道的河流部分建设交通系统的有关环境方面的主要缺点。河岸的亲水性改善、大量植树与地形塑造，以及步行和自行车通道的建设是该项工作的主体要素。此外，远离河道的公共汽车专用道线路的其余部分，通过利用一些因高速公路建设所预留的较宽的剩余可用土地，也以类似方式进行了处理。

该系统的总成本约为 7000 万美元，将其拆分成以下款项（单位为万美元）：

结构 ·· 1230
其他土建工程 ·· 1120
O-Bahn 轨道 ··· 950
车站 ··· 400
车辆 ·· 1680
土地购买 ·· 400
景观工程（公共汽车专用道）······················· 310
景观工程（河道）···································· 420
管理和监督 ·· 420

因此，每英里的总成本是 950 万美元左右，其中 O-Bahn 轨道成本为每英里双轨 140 万美元。（这代表了 1982 年以来的成本，1987年的成本为每英里 170 万美元。所有的成本都是基于汇率为 0.7 转换成美元的。）

起初准备在 1982 ~ 1986 年间进行建设，这在建设要求方面是一个可完成的时间段。然而，这十年中的经济逆境降低了政府资助重大基础设施工程的总体能力，因此该系统直到 1989 年中期才完工。第一阶段连接到线路中点车站的 4 英里长的公共汽车专用道在 1986 年初开通运营。然而，整个所计划的服务已在实施中。在第二阶段，部分公共汽车在轨道完工以前会普遍地在地面道路系统上运营。

技术

O-Bahn 是一个由西德斯图加特市的戴姆勒·奔驰和艾德·苏柏林开发的导轨式公共汽车专用道系统。这些公共汽车都是在标准化生产的，在为城市服务的车辆基础上做了一些改进，仅增加了与前部转向铰链连接的水平向的、实心橡胶轮胎的导向滚轴。此外，为满足阿德莱德所设计的速度性能，我们指定了使用大功率的发动机

（铰接公共汽车发动机功率为 280 马力）和防滑闸。滚轴并不是伸缩自如的，当车轮处于笔直向前行驶状态时，滚轴会突出车身大约 2 英寸。在路面上运行时，巴士采用人工驾驶模式。

该轨道由预制混凝土构件以类似于铁路钢轨的装配方式构成。混凝土横梁（横层）以中心相距 13 英尺的间隔放置，由填充桩来支撑，以确保长期的稳定性，并且这些横梁要承载 40 英尺长的 L 型混凝土运行板。这些厚板的垂直部分形成一个啮合导向滚轮的引导面。两个相对的导面之间的轨距比滚轮的距离稍小一些，这样滚轮就可以

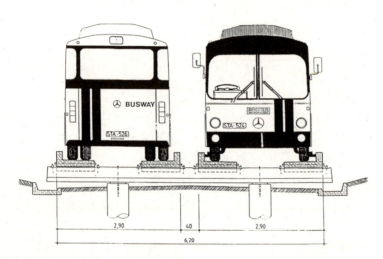

阿德莱德公共汽车专用道的结构断面

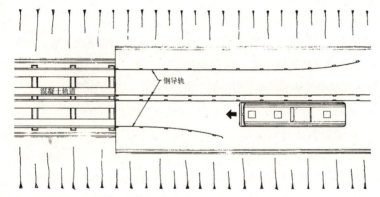

钢导梁将公共汽车引入公共汽车专用道内

一直保持与表面接触。有必要将轨道的建设误差控制在±2毫米之间，以获得更高的舒适度。

司机将公共汽车驾驶到轨道入口的一个漏斗形地区，随后就不需要再人工驾驶了。除了在轨道出口处再次控制方向盘以外，不需要采取任何其他行动。进入轨道的设计速度为28英里/小时，而阿德莱德导轨式公共汽车专用道系统内的巡航速度为62英里/小时。

该系统的其他一般特征包括：

- 由于轨距仅比公共汽车宽4英寸，因此需要较窄的路权。
- 高质量的车辆运行面带来更好的乘车舒适度。
- 坚固的轨道可确保长期稳定性和低维护成本。
- 站台的精确位置有助于乘客进出。在某些应用案例中，高站台的使用可以避免台阶。
- 由于人工驾驶的错误得以消除，因此能获得更高的安全性。
- 如果仅限于轨道运营，则有使用高容量的汽车或列车化的汽车的可能性。
- 标准的车辆在街道上可以同样良好地运营，避免了乘客在车站换乘的需求。
- 在轨道以外的公共汽车线路上完全保留了其灵活性。
- 汽车对于道路或者轨道兼有的运营适应性使之在轨道竣工之前就可以投入线路的全线运营。这使得分期建设成为可能，从关键部分开始建设，随后根据情况和资金允许的程度，持续地延伸线路，直至全线完工。
- 这种适应性还允许汽车使用不同路权条件的组合，其路权范围包括地方道路到高速公路上的公共汽车/大容量车道再到导轨系统以及到城市中心区的街道。
- 新基础设施的成本可得以最小化，并且资金也只用在最有效的地方。

标准公共汽车和铰接公共汽车目前都在O-Bahn系统上公共化运营。开发者还基于相同的模块化组件制造了一种双铰接（四轮轴的）公共汽车，但仅用于轨道运营。这些车辆可以连接起来形成一列车。这整个系列涵盖了很大范围的载客量要求。相比于轻轨车辆而言，这种方法为这一系列汽车提供了一个基于标准生产线的相对低成本的公共汽车生产技术，并且由于单位座位的汽车重量更轻，还能做到节约能源。

O-Bahn 公共汽车可以配备任何形式的动力源。目前正在使用的是柴油驱动、电力驱动或允许在架空电线以外的地区使用柴油运行的混合动力的公共汽车（混合巴士）。从手动驾驶向自动驾驶的便捷转换允许一个无需道岔的简单设计。然而，我们也开发了道岔以供在需要的情况下与系统一起使用，例如在巴士连接成一列车的过程中可以使用。

对于在隧道运营的柴油巴士，我们开发了一个废气抽提系统，使废气从安装在车顶的废气出口直接排放到一个纵向的管道中。

我们所开发的系统还能在需要的情况下提供一个在轨道上完全自动运营的公共汽车。

运营经验

乘客量超过了运营商最初提供的承载能力，因此有必要对运营时刻表进行加密。目前每日双向乘客量大约在 1.6 万人左右，其中刚好超过 50% 的乘客量出现在两个小时的早晚高峰时段。调查表明使用公共汽车专用道产生了来自于新乘客的 24% 的乘客量增长。公共汽车专用道线路上的总增长量大约在 30% 左右，这表明还有一些客流是从其他公共汽车线路换乘而来的。这发生在大都市区公共交通总体使用率下降约 10% 的那段时期。

人们可以在普通的地面公共汽车站或公共汽车专用道上的换乘站乘坐这些公共汽车。正如先前所预计的那样，大多数乘客都在到达换乘站前就上车，大约 81% 的乘客在地面公共汽车站上车，19% 的乘客在公共汽车专用道上的换乘站上车。

经过首期六个月的运营后所进行的调查显示出在曾经使用旧的地面公共汽车系统的乘客和被吸引来使用公共汽车专用道系统的新乘客之间特征的显著差异（表 1）。总体感觉是新使用者往往是年长的、有着更大交通模式选择权的男性工作者。这一点和其他证据都表明新使用者被吸引到公共汽车专用道系统是因为公共汽车专用道系统总体上能被人感知到明显的差异和改善。在第二期开通运营之前，出行时间的节省是很有限的，因此这种感知一定是基于诸如舒适度、发车频率、方便进入和路外运营的总体形象等因素。能够仅使用一

新旧使用者特征的转变　　　　　　　　　表1

特征	先前 %	现在 %
出行目的		
工作	52	56
购物	11	13
上学	28	21
所购买的现售车票	65	76
出行可使用小汽车的比例	44	67
性别		
女	60	54
男	40	46
小汽车在车站的停车情况	17	38
使用频率		
工作日每天	46	36
每周 3~4 次	11	13
每周 1~2 次	7	9
每月 1~2 次	3	4
年龄		
24 岁以下	55	36
25~54 岁	38	51
55 岁以上	7	6

种交通工具来完成从家庭到中央商务区的出行，并且其中一段旅程是在一个拥有与轨道类似特征的快速、专用的设施上完成，这似乎给予乘客巨大的吸引力。

需求特征之一是在换乘车站有着高于预期的停车设施使用率。我们预计相比于轨道系统而言，靠近出行生成点的公共汽车线路的有效性将会导致更低的小汽车停车设施需求量，因为当公共汽车能到达公共汽车专用道上的换乘车站时，就不再需要小汽车换乘了。而在实践中，似乎公共汽车在公共汽车专用道系统内车站的高发车频率（远高于轨道交通系统）产生了相反的效果，对小汽车停车设施施加了巨大压力。现在在两个车站所提供给通勤者的总停车空间大约为 600 个车位（在开通运营后根据延伸计划设置）。所停放的车辆数一直在变化，但通常在 750 辆左右。超过供给量的部分被容纳在停车接送区域，或者在支路上、景观区内或地方街道上停放。

　　在运营开始后的停车量增加并没有导致违章停车的减少，然而更多的小汽车意味着实际需求仍然没有得到满足。通常停车场在早高峰结束以后都是满的，这就为日间的乘客提供了很少停车空间。我们审查了缓解该问题的措施，这些措施包括从进一步扩容停车场到引入高峰小时停车收费。当第二期开发完成后，该情况有望得到改善，并且在终点站会有更多的停车场开放使用。

土地利用的影响

　　对土地利用的主要影响是加速和修订区域中心的发展，并且鼓励居住区的扩张，这一切通常都遵照都市区发展规划（Metropolitan Development Plan）进行。原定在东北部作为一个重要的新的高等教育机构的场地被改换至邻近终点站换乘枢纽的地方。零售业中心的开发商们修改了他们的规划，以确保与换乘枢纽的直接连接，并且提议对换乘枢纽的上空使用权进行开发，作为商业办公用途。该枢纽的一部分拟在开发商所拥有的土地上建造，而这部分的建设成本由开发商来承担。一个容纳 3 万人的重大新居住区正在开发中，将有直接连通公共汽车专用道系统终点站的公共汽车为其服务。

阿德莱德未来公共汽车专用道的发展

　　公共汽车专用道系统在技术上的成功和其对乘客的吸引力促使了将其应用于大都市地区其他地方的初步研究。向南部的新线路正在与其他备选方案一起接受评估，并考虑将现有轨道系统的一部分替换成导轨公共汽车专用道。

　　第一次将 O-Bahn 双模式巴士导轨技术应用于高速运营的建设的规划和决策过程是一个长期而充满争议的行动。相比之下，对于一个新技术而言，建设和运营明显地没有问题，并且该系统被证明对其潜在的使用者而言是具有高度吸引力的。

作为渥太华—卡尔顿地区快速公交的公共汽车技术

伊恩·史黛丝（Ian Stacey）
渥太华—卡尔顿地区（Ottawa-Carleton）市政当局
交通规划和快速公交系统项目主管

渥太华—卡尔顿地区市政当局（the Regional Municipality of Ottawa-Carleton）是安大略省11个区域政府之一。安大略省由11个独立的自治市组成，总共约有60万人口。在这个两级系统中，区域政府负责公共交通、主要道路、水的净化与分配、废物处理、社会服务和土地利用总体规划等公共服务。

渥太华—卡尔顿的公共交通系统由中心城区向外辐射，但同时还包括大约六个衔接通往郊区以及从郊区到达的公共交通的换乘车站。由渥太华—卡尔顿地区运输委员会（Ottawa-Carleton Regional Transit Commission）所提供的公共交通服务被称为"渥太华—卡尔顿公交"（OC Transpo），它在由大约55万人所构成的城市地区范围内提供服务。除有特别合同约定之外，"渥太华—卡尔顿公交"并不向农村地区提供公共交通服务。

由公共交通服务所覆盖的地区大约为380平方公里。"渥太华—卡尔顿公交"集团共有大约760辆客车，每年行驶的服务里程为4800万公里。每年的乘客量大约为8700万人次；任何一天都有高达40万的出行由该公共交通系统来承载，大约人均160乘次，这是在北美任何一个规模相当的城市中公交出行率最高的地区之一。

20世纪70年代初期，随着渥太华—卡尔顿地区市政当局的形成，渥太华—卡尔顿公共交通的改善拉开帷幕。在1969年以前，仅渥太华市有公共交通服务，卡尔顿县内渥太华周边的一些城镇在发展过程中几乎很少有相互协作。省政府开始介入，以形成一个地区政府来协调那些公共服务项目。新的区域委员会（Regional Council）的首要任务之一就是为该地区制定一个官方的总体规划。该规划的制定持续了4~5年，直到1974年10月，该委员会通过了一个整体区域规划，即渥太华—卡尔顿规划区的官方规划（the Official Plan for the Ottawa-Carleton Planning Area）。

公共交通政策、资金与改善

渥太华—卡尔顿公共交通政策的形成及其职责与美国所能见到的典型形式有所差异。区域委员会有32个代表组成，他们都来自于首批选举产生的11市地方政府之一的人选。该委员会负责所有的区域交通和土地利用规划。它同时还为由"渥太华—卡尔顿公交"集团所经营的公共交通服务的资产和运营计划提供资金。因此，同时考虑土地开发和提供公共交通服务是合乎逻辑的。

在安大略省，为重大投资计划进行的公共交通投资是分成几个部分的：75%由安大略省政府提供，25%由市政府提供。主要的资本支出包括快速公交网络的建设、公共汽车的购买和车库建设。由地方政府分摊的25%是从城市公共交通地区的财产税中筹集而得的（从销售税中筹款是不允许的）。至于运营方面的资金，地方政府与安大略省政府一起，基于人口公式设定了一个目标收入成本比，在本案例中，该值为65%。35%的差额部分一半来自于安大略省政府，另一半则从渥太华—卡尔顿城市公共交通地区内的财产税基数中获得。

至于所提供的25%的投资资金，区域委员会已为未来支出建立了公共交通储备基金。每一年该基金都会有一定数额的增加（1987年为1000万美元），并且随着快速公交网络项目建设的推进，资金被提取出来，这使得我们能够"边建设，边出资"以及保持借款最小化。区域委员会在快速公交线网计划的财政规划方面已采用了非常先进的方法。

除了确定主要的居住区、就业区和活动区的位置和规模以外，渥太华—卡尔顿规划区的官方规划的关键要素之一就是交通政策，它提出公共交通的发展应优先于所有形式的道路建设或道路拓宽。20世纪60年代开展了一项交通运输方面的研究，这与当时在其他城市所进行的研究并无不同。由于没有人认为公共交通能够满足交通运输需求，这些研究都导致了严重依赖于道路的交通规划，这些规划都建议进行越来越多的高速公路建设。然而，在编制渥太华—卡尔顿规划区官方规划的1969~1974年这五年内，公众的情绪表明居民不想要更多的道路，而更希望该地区的公共交通能得以改善。因此，随着官方规划被采纳，建立了一个双管齐下的公共交通运输服务，要求快速公交实施运营性改善计划并取得发展。

自区域政府形成以来所获得的乘客量增长是很多因素的结果，不应仅归因于快速公交系统的建设。事实上，在渥太华—卡尔顿地区所出现的乘客量增长，大部分都发生在快速公交线网的第一部分开通运营之前。有关运营的改善，重大的变化是1972年区域公共交通委员会成立后增加了大量引人注目的服务。不仅增加了常规服务的提供，还增加了大量的快速交通服务。大量公交优先的措施付诸实施，包括将中心城区一条主要零售街道设置为公共交通步行街，在其他两条街道上保留了公共汽车道，以及在几乎每个区域性郊区购物中心设置一个专门的公交始末站。在渥太华—卡尔顿的中心城区建立了灵活工作时间制度，旨在减少快速公交线路上的高峰负荷量。因此，更多的人乘车时可有座位，公共汽车的使用效率也更高。此外还安装了自动化的乘客信息系统，随时为顾客提供信息，并且所有这些服务都由主计算机控制中心来进行监控。

郊区发展规划

自1974年起，随着官方规划被采纳，所有新的住宅和工业分区必须满足一定的条件才能获得批准。密度和区划事宜由独立的市政府确定，但须由区域委员会授予最终的批准。这些事宜始终包含了与公共交通服务特别相关的条件。该市尝试建立联络道路系统，以使公共交通能够有效地服务最广大的人民，并且鼓励在临近规划的公共汽车线路和车站处实施更高密度的土地利用。我们的目标是在每个居民的 400 米范围内提供公共交通服务。我们提供人行步道，并且在某些情况下，提供仅允许公共交通使用的道路以替代联络道路，由此来减少穿越居住区的小汽车交通。

最重要的批准条件之一，同时也是最难获得的批准，是开发的分期。我们试图将分期的条件予以合并，使得当一个更小的地块增长时，我们能确保它是由于外部的公共交通服务而引起。我们试图避免远离公共交通服务的小型而零星的开发，即使它对于开发商而言可能因为其自然风景的性质或邻近下水道和供水服务而成为初始阶段最理想的开发区位。

快速公共交通发展计划

随着 1974 年有关土地利用和交通运输的官方规划的确立，基于五条由中心城区向外辐射的交通廊道而形成的快速公交概念获得批准，该快速公交规划的服务区域的人口规模可达 100 万。（在规划确立之时，总人口大约为 50 万）。在 1975～1976 年间，区域委员会考量了它能承受怎样的资金限度，应采用何种技术，以及哪一种提供快速公交服务的实施策略是适宜的。

一种是"由内而外"的策略，首先建设快速公交系统的中心城区部分，然后在向外伸出第一条公交优先的廊道。另一种是"由外而内"的策略，该策略主张首先在中心城区以外建设快速公交线路，这样尽可能长期地推迟昂贵的中心城区部分的建设。两个策略的比较表明，中心城区以外的整个系统的建设费用几乎相当于在中心城区内建设一条隧道的费用。由于研究表明中心城区的乘客量在至少 10～15 年内可以由地面街道系统来应对，于是决定采用"由外而内"的策略，以推迟在城市中心区建设快速公交系统的高昂成本。这一调研结果，意味着在中心城区地面街道上运营该系统，提出两种可行的技术建议——公共汽车专用道和轻轨。每一种技术都能提供每小时单向 1.5 万人的必要容量。

在 1976 年实施策略获得批准以后，所有可能的线路选择都得以确定。随后共召开了超过 100 次的公众会议，在会议上由市民来对线路提出建议。各种各样的线路都被考虑到，包括使用废弃铁路、水电走廊以及开放空间廊道，并且通过考量环境影响、服务水平和成本等因素，对所有的线路选择都进行了严格的评估。我们花了近五年时间才从官方规划所确定的五个不同交通廊道中选出了四个优选线路。

在线路选定后，我们对官方规划进行了修订，以涵盖一个关于土地利用、主要道路和快速公交的建设时间表。渥太华起源于一个生产木料的小镇，有铁路穿越城市中心区，该市历史上就有由城市中心区向外辐射的 100 英尺宽的铁路路权。在 20 世纪 50 年代进行了铁路重新选址的研究，最终导致联邦政府将主要的铁路客货运车站均移出了中心城区，因此使得废弃铁路路权可得以利用。与此同时，联邦政府通过它的规划机构——国家首都委员会（the National Capital Commission）进行了一项研究，导致绿带（Greenbelt）（围绕城市地区的 2.5 英里宽的公共土地带）的形成以及建设一个景色优美的公园道路系统的提议。一些公园道路已经得到建设，但该项目在完工之前却中断了，这就使得这些廊道作为公共空间得以留存，在有所需求的可获得之处可用于建设快速公交线网。区域委员会支付了这些土地的费用，并且通过使用这些廊道，避免了因收购住宅和企业所造成的重大社会混乱的出现。

技术选择

我们在三个基本因素方面对公共汽车专用道和轻轨交通进行了比较：系统总成本、服务水平和分期的灵活性。（环境影响在技术选择中并没有被认为是考虑因素）。在投资费用方面，基于卡尔加里（Calgary）轻轨建设经验的数据，我们判定建设公共汽车系统的成本将是轻轨系统的约 70%。关于运营成本，参考了埃德蒙顿（Edmonton）市的经验，该经验表明一个完全基于公共汽车运营的系统成本将是轨道和公共汽车混合系统的 80% 左右。就服务水平而言，我们认为公共汽车专用道的服务水平更高一等。在一个像我们这样的低密度并且很少会有人步行至快速公交车站的城市中，公共汽车可以在居住区之间运营，然后直接地进入快速公交线网，这样就能避免换乘，而换乘是一个基于轨道的系统所固有的特点。从分期建设灵活性的角度来看，交通堵塞的问题预期会出现在中心城区以外的郊区。公共汽车专用道可以回避这些严重拥堵的地区。而轨道系统则需要更大量的建设，才可能实现交通拥堵的缓解。

总之，基于更高的服务水平，较低的建设与运营成本，以及其良好的分期建设灵活性，最终选定了公共汽车专用道系统。然而，该决定饱受争议，但为保留选择权，若将来有改变技术的需求，所有系统的形态都是能与轻轨兼容的。但如果渥太华—卡尔顿将来要引进轨道交通，将会采用重轨系统，因为它有着更大的载客量。

公共汽车专用道系统

公共汽车专用道由 8 米宽的双车道构成，每侧各有一条 2.5 米的路肩，充当故障巴士和维修车辆的避难区以及积雪堆存区。在车站部分，快速公交线路加宽至四车道或 15 米的道路路面，以允许汽车超越停靠车辆。公共汽车在快速公交线网上的运营速度为 80 公里/小时（50 英里/小时），而驶过车站时的速度为 50 公里/小时（30 英里/小时）。

根据一天中时段的不同，快速公交线网以一系列不同的方式运营。一些运营在快速公交线网上的服务每天都以长途运输的方式出现。前后两车的车间时距随着一天中时段的不同而变化，通常是高峰时段为 4 分钟而平峰时段为 5 分钟。此外，在高峰时段有快速交通服务，它起始于郊区的居住区，然后进入到快速公交线网中，成为直达中心城区或快速公交线网上所有其他目的地的快速交通服务。在平峰时段，接驳巴士在快速公交线网上的车站与其他地点之间来回运营，乘客可以在那里进行换乘，这就是基于轨道系统的典型服务模式。

规划研究（1974～1980 年）完成以后，区域委员会批准开始建设。我们建立了一个涵盖约 31 公里（20 英里）的十年的建设计划。第一段于 1983 年 12 月开通运营，可到达中心城区的东部和西部。1985 年快速公交线网沿着西部地区的斯科特街（Scott Street）的另一部分也开通运营，同时东南部的连接中心城区的快速公交线网延伸段也完成建设。到 1987 年，快速公交线网又增加了 3 公里，这使得到 1987 年底，整个系统运营规模超过了 17 公里。

在中心城区，快速公交线网利用繁忙的公共汽车道的地面道路实现运营。在中心城区，何时以及如何分离不同等级的道路正在考虑中。快速公交系统向东部、西部和南部的延伸也在规划中。有一条被称作渥太华金钟道（Ottawa Queensway）的高速公路在东西方向穿越城市。目前，来自边远地区的快速公共汽车在高速公路上与其他交通以较高的车速混合运营，在高速公路开始变得拥堵的节点上，公共汽车通过特殊的坡道驶离混合行驶的高速公路，进入快速公交线网并继续它的旅程。拥堵程度将成为使快速公交线网平行于高速公路延伸的判断依据。

如今，有 17 公里的快速公交线网在使用中。高峰时段、高峰方向的乘客量约为每小时 9000 人，每日的乘客量大约为 20 万人。整个 31 公里长、拥有 26 个车站设施的总系统运营成本大约为 4 亿加拿大元，折合每公里约 1300 万加拿大元。以 1983～1984 年的货币来计算，第一段的实际成本大约为每公里 1000 万加拿大元。该数据包括了每个站点平均 400 万加拿大元的成本。路权的维护主要为积雪的清除，其成本约为每公里 6 万加拿大元。每年的车站维修成本约为 4 万加拿大元。

快速公共交通和土地利用的发展

自从公共汽车专用道开通运营开始，在车站周边就开始出现土地开发活动。在车站附近的地区，超过 8 亿美元的新开发不是正在考虑中就是处于建设阶段，甚至在某些情况下官方规划将该地区指定为活动节点。这些地区已沉寂多年，但随着快速公交线网的建设，开发正在不断涌现。在基线车站（Baseline Station）附近已建成一幢新的办公塔楼（5 幢办公塔楼中的第一幢），并且该地区内的第二大城市——内皮恩市政当局（the City of Nepean）的新市政厅（City Hall）也正在建设中。位于车站对面的是亚岗昆学院（Algonquin College），渥太华的一所社区大学。滕尼牧场站（Tunney's Pasture Station）得以建设并服务于拥有 1～1.2 万人口的加拿大政府的就业区。一个邻近车站的、曾经的铸造厂基地转型成为价值 1 亿美元的容居住、办公和零售等功能为一体的四幢塔楼的混合用途开发的出现，可部分归因于车站所提供的公共交通的服务水平。第一幢塔楼在工程动工前就已售出。在赫德曼车站（Hurdman Station）附近，出现了高层的住宅开发。最终将形成三个塔楼综合体中的两幢豪华的独立产权公寓也已建成。

更有意思的公共交通/土地利用开发的案例之一是位于郊区购物中心的圣·劳伦车站（St. Laurent Station）。快速公交线路与穿城而过的高速公路临近市中心的那段平行运行。车站是由公共交通系统建设的，而开发商则提供土地。此外，开发商还对购物中心进行了扩建，使之直接与车站相连。开发商还在车站步行距离内的地块一角建设了一幢新的办公塔楼。

目前，东部快速公交线网延伸段（the East Transitway Extension）正在建设中。由于预计到公共交通所带来的利益，新的开发已经开始建设和规划。在未来的布莱尔车站（Blair Station），将会开发格罗斯特市（Gloucester）的新市政厅，一个新的购物中心和大量办公综合体，并且所有这一切都将会与车站连接起来。

效益

快速公交线网给渥太华—卡尔顿地区带来的重大的经济效益。在任何一个公共汽车系统中，提供服务的成本中大约 80% 与时间相关。更快速的服务减少了公共汽车的数量、维护、设备、维护场地等等。由快速公交线网所带来的运营成本的节约，将会在 10～15 年之内，偿还建造快速公交线网投资成本的一部分。"渥太华—卡尔顿公交"集团每年的运营成本大约为 1 亿美元，即使 10% 的节约对于支付快速公交线网建设的投资成本 25% 的份额而言，也是大有帮助的。

1982 年，渥太华—卡尔顿地区共拥有 780 辆公共汽车。自那以后，乘客量上升了 7%～8%。若不是因为有了快速公交线网和更高的运载速度，将会需要超过 820 辆公共汽车来运载同样数量的乘客。到 1995 年，公共汽车数量将有更大规模的削减。如果没有快速公交线网，将需要额外增加 200 辆公共汽车，而这需要将资金不仅花费在车辆购置和维护上，还需要花费在额外的车库建设以供车辆存放。

除了节省运营成本外，车站周边出现的开发正在为该地区的城市政府带去额外的税收收入。

从渥太华—卡尔顿案例中所得到的经验是公共汽车交通是可以实现与小汽车成功竞争的。然而，它的成功是一系列行为的共同结果，而不仅仅是单一的、主要计划的结果。

丹佛第16大街

加里·岑普芬尼希（Gary Zehnpfennig）
丹佛（Denver）合作方
城市设计团队
项目经理

第 16 大街（the 16th Street Mall）坐落于丹佛中心城区零售商业区内。它的走向平行于该城市的主要金融和就业中心，并且与之紧邻。作为一个公共交通设施，该商业街是一个长度跨越 13 个街区，在两个区域巴士截流站之间双向运行的地面穿梭公交运输系统。它被设计为一个高质量的中心城区交通循环/疏散系统，以缓解区域巴士不得不在拥挤的中心城区街道上低效率行驶的问题，尤其是在高峰小时内。

第 16 大街交通疏散系统使得区域/快速公交系统能够提升效率，也使很多公共汽车能在高峰小时内能运行"第二或第三圈"。它还导致了中心城区道路上减少 501~624 次公共汽车出行。在商业街两端的两个换乘首末站使用情况良好，目前能够容纳 640 辆区域公交和快速公交车辆。超过 1.53 万乘客通过这些公共汽车经过市民中心（the Civic Center）和市场街（Market Street）车站进入第 16 大街。

短驳公交乘客量在早、晚区域公共交通通勤高峰小时内达到最大值，但在中午以及一天中的其他时间，乘客量也出乎意料地高。设计时，该商业街预计每日能承载 8000 ~ 10000 名穿梭公交乘客。而现在的乘客量数据是平均每天 4.5 万人，并且还在持续增长中。我们正在快速接近于穿梭公交和商业街本身被一天中高峰时段的容

第二部分 公共交通发展的案例研究

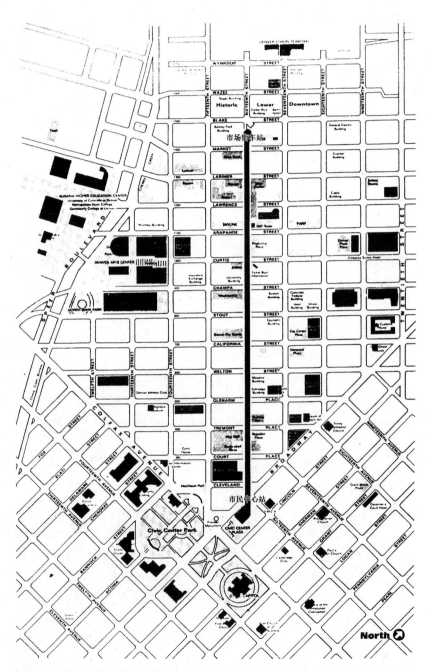

在丹佛,第16大街公共交通商业街提供了连接两个区域性公共汽车站的穿梭公交

量所挤满的状态。区域交通运输管理局（the Regional Transportation District，RTD）认为这很成功，因为这使他们能更有效、更高效地运营传统的公共汽车车队，同时又缓解了那些过境公交在城市核心区周边许多街道运行造成的道路拥挤。

第16大街除了承担丹佛区域公共交通系统的枢纽这样的角色外，还是城市中重点设计的便利设施以及将行人和公共交通在城市中心区的重要活动中心内连接起来的主要设施。它被独特地设计成能在同一个整体空间内同时容纳公共交通和行人。该商业街以及邻

丹佛第16大街
照片由丹佛合作方的特莎·道尔顿（Tessa Dalton）提供

近的私有空间也成了特殊活动、节日庆典、销售经营和户外咖啡休闲的成功地点。丹佛第16大街已成为成功的公共交通商业街的世界性象征。

至少在丹佛，第16大街是容纳进入中心城区廊道地区的传统区域公共交通的一个适当方式。目前看来，该城市设计/公共交通发展似乎在丹佛运转得非常良好，但这并不足以满足未来的需求。于是，我们正着手设计一个穿过第16大街的商业街，同时对整体的区域公

共交通系统进行改善。商业街是增加公共交通对消费者的吸引力的机制，此外还有助于我们获得中心城区以外新的公交专用道系统的公众认可。

虽然该商业街建设的 80% 费用由联邦基金支付，但未来这种规模的项目将需要较多的私营部门的参与。鉴于第 16 大街的成功，我期待企业界能投入到那样的开发中。

历史

自 19 世纪 90 年代起，第 16 大街一直都是主要的零售购物走廊，但是从 20 世纪 60 年代开始，第 16 大街和中心城区的商业开始感受到来自于快速扩张的郊区购物公园和商场越来越激烈的竞争。1971 年，丹佛市中心城区管理公司（Directors of Downtown Denver, Inc., DDI）董事会，丹佛合作方（The Denver Partnership）的前身，宣布他们更青睐于商业街的概念。他们对很多提议进行了研究和讨论，但最终因缺乏支持或充足的资金而放弃。

同时，区域交通运输管理局正在研究缓解中心城区大规模公共汽车拥堵以及更有效地提供交通服务的方法。区域交通运输管理局和丹佛市中心城区管理公司开始着手探索能同时达成双方目标的方式。在 1977 年 8 月，区域交通运输管理局的顾问——贝聿铭（I.M. Pei）与他的助手们，公布了一个跨越 13 个街区的、两端各有一个公共汽车换乘中心的第 16 大街的模型。整个 80 英尺长的路权将给行人和公共交通专用，而街道两侧则布置零售商店。该规划得到了大多数企业的热情支持。经济效益研究估计这条新商业街将使销售额增加 7.5%~10%，并且如果它能得到恰当的维护和管理的话，其收益将变得更高。该提议同样也得到了都市公共交通管理局的支持，该局批准了占建设成本 80% 的资金。

该商业街的建设自 1980 年 2 月开始。在接下来两年半中，工程以逐个地块开发的方式进展，这期间对于丹佛中心城区商业的正常流量造成了巨大破坏。这个跨 13 个街区的公交专用道于 1982 年 10 月开通运营。所有的快速巴士、城际巴士和区域巴士线路得以修订，并终止于两座换乘设施车站，从那里有免费的、定制设计的穿梭公共汽车系统将客流沿着商业街进行疏散。整个项目的建设资金成本总计7610万美元。

第16大街之所以花了十年才建成的原因之一是人们认为将交通从中心城区的核心区剥离将对零售商业造成伤害。而事实上,该商业街使中心城区的个人出行增加了大约10倍,因为它相对于私人小汽车出行而言有着高得多的效率。该商业街有很多成功之处,但它并没有在很大程度上减少由小汽车完成的通勤出行量;它的确有着区域性的后续影响,因为人们将其视作一个非常成功的公共交通设施。它是一个重要的市场营销手段。

管理

丹佛的领导很早就知道砖和砂浆并不足以确保成功。他们总结出诸如交通、环境影响、中心城区的管理及复兴之类的问题必须在中心城区的核心地区以一种协调和全面的方式得到处理。为了确保必要的协调以及对附加服务提供资金,中心城区的商业领导者在1978年起草了一份丹佛城市宪章(Denver's City Charter)修正案,创造一个特殊的商业街效益区(Mall Benefit District)来支付商业街的维护、管理和运营。该区域目前在中心城区的70个区块内涵盖了大约865位物业业主。其五位成员组成的董事会是由市长任命,由城市公共建设工程经理领导的。该区域每年大约180万美元的预算是通过对物业业主的估价来筹集的。目前的估价范围为每平方英尺土地在10美分到58美分之间,具体则取决于与商业街的临近程度。有一个由8个要点组成的评价系统来确定估价是多少。

该商业街的日常管理、维护和宣传由丹佛合作方的工作人员来指挥。穿梭公交服务和交通换乘车站由区域交通运输管理局来运营和出资。商业街的公共/私人建筑物提供了不断发展和雄心勃勃的节假日庆典、项目、促销活动、露天茶座、喜庆的供货商和特殊的商业街活动,采用这些活动是为了将人们吸引到商业街来,并保持中心城区色彩斑斓和令人兴奋的气氛。在大多数情况下,这是自然而然的依附于公共交通功能的,而它本身又使该地区充满活力。商业街中的手推车供货商、演艺人员、露天茶座和其他特殊使用者由代表市政当局和区域政府的丹佛合作方来管理。除了由丹佛合作方特别赞助的项目外，个体商户和社会组织在举办他们自己的活动和特殊事件方面会得到积极的鼓励和协助。中心城区节日庆典的日程安排吸引了成千上万的参观者。一个复原的1946年伦敦双层巴士（London Double Decker bus）被改造成一个引人注目的售票车（Ticket Bus），该售票车发布信息和公共汽车乘车券，并且预售半价的、超过30个城市表演艺术团体的日间演出门票。

该商业街成功的基本要素是其日常维护的质量和安全计划。由10名丹佛警务人员组成的全日制部门采用摩托车、骑马和步行方式对商业街进行巡逻，并参与到各种特殊的犯罪预防和行人安全保障计划中。犯罪影响研究发现，自该商业街1982年开业以来，丹佛市中心城区几乎每个类别的犯罪数量每年都有显著下降。该商业街区域通过提供每日对人行道的清扫和洗涤、除雪、美化环境和维修，使常规的城市维护得到补充。该商业街以及它的协同管理区都向私营企业证明了为商业街的维护以及特殊安全保障和特殊需要、促销如此等等的提供，向管理和维修区域付费是非常值得的，这样做能使商业街保持良好的使用状态，成为受人欢迎的场所以及一个非常有效的公共交通设施。商业街的成功还导致形成了有助于管理邻近公共空间的额外协议，例如丹佛艺术中心综合体，两个商业街换乘车站，以及一个与商业街交叉的长度跨越三个街区的城市公园。

商业街地区（the Mall District）已率先寻求中心城区停车管理的创新性方案。目前正在实施一个旨在改善停车问题的战略，尤其是涉及零售需求的停车问题。

丹佛合作方的城市设计和开发团队（Civic Design and Development Team）向商业街区域董事会进行汇报。该团队对有效设计原则和混合用途开发的应用持长期鼓励态度，而这对于确保商业街的零售业活力和步行环境而言是十分关键的。正在进行的街景和标识系统计划将指导城市商业目录指示牌、横幅和临时雕塑以及对停车和引导性标识标准草案的开发。政府官员和商界领袖积极参与到识别潜在租户以及与他们在获取必要的资金方面紧密合作中，这为商业街沿线的大量新住宅、商业和零售投资做好了充分的准备。

刺激因素

几乎毫无疑问，第16大街对丹佛市中心城区的复兴和改善做出了重大贡献。在商业街走廊上的一些商店，销售额超过了每平方英尺400美元。每天有超过9万人享受着该商业街的商店和餐饮，而来自全世界的交通官员们也集聚到这里来研究创新性的穿梭公交和换乘系统。

第16大街的建设刺激了中心城区核心区的重大新型商业的发展。自从决定开始建设商业街以来，已经有四个主要的商业综合体建设在该商业街附近，第五个综合体也位于该商业街步行范围内。这些开发包括大约30万平方英尺的零售业和近250万平方英尺的可租赁办公空间。主要的零售开发有塔波中心（Tabor Center）（12万平方英尺的零售空间），莱特广场（Writer Center）（7.6万平方英尺），共和广场（Republic Plaza）（5万平方英尺），以及共济会大厦（Masonic Building）的整修（5万平方英尺）。该商业街同时还是一个积极的发展规划的基础，该规划准备在未来两年或在重大经济滑坡结束后（无论哪种情况先出现）建设一个大型的（50万平方英尺）高端零售中心。

格拉斯顿联合会经济效益研究（the Gladstone Associates Economic Benefits study）预计，由于商业街项目的存在，中心城区1987年的零售额将达到5200万美元。这可以换算为每年370万美元的销售税。由于商业街的存在，1992年预计销售增长将达6800万美元。据格拉斯顿联合会所言，能源节约、交通拥堵的减少、空气污染的降低、一个更有效的交通系统以及一个强大而复兴的中心城区会对丹佛大都市地区所有的居民、企业、雇员、购物者和访客产生影响。

可归因于商业街建设和运营的其他效益包括得以提升的城市中心区就业和零售地区的可达性，临近的房地产更高的净收入，更低的用工成本，通过商业街管理辖区（Mall Management District）所获得的更高安全性，通过商业街管理辖区所实现的对该地区更好的维护，对中心城区居住和文化活动的增长性需求，房地产增值的可能性以及休闲娱乐的改善。

尽管在建设工作正式开始之前，曾有两次不顺利的开端和持续了将近10年的争议和讨论，但即使如此，批评家都认为第16大街是成功的。随着随之而来的零售活动的引人注目的复兴，这个跨越 13 个街区长的步行商业街和公交专用道已经成为游客、居民、郊区购物者和城市中 11.4 万劳动力团体的聚集地。该商业街刺激了整个中心城区的经济发展和经济恢复，是雄心勃勃地努力将中心城区所有休闲设施和开放空间连接成为具有凝聚力和特色的城市环境的刺激因素。在公共部门和私人部门之间建立合作以对商业街实行维护和管理，已成为中心城区有效管理的全国性范例。

温哥华高架列车

L.E. 米勒（Miller）
亚利桑那州（Arizona）凤凰城（Phoenix）
区域公共交通管理局
执行主任

　　一个新项目，尤其是涉及新技术的项目，在需要充分公布财务事项的城市中，很少会准时并在预算内起作用或实现其支持者的原始期望。因此，温哥华区域快速公交系统（Vancouver Region Rapid Transit）（高级轻轨公共交通）（ALRT）项目是一个非典型案例。当前的快速公交系统的出现可以追溯到20世纪60年代中期，那时政府部门、学术界和对此感兴趣的观察员开始进行轨道交通替代方案的研究。在高速公路建设开始之前就决定停止的政治决策增强了全面而大众化的共识："快速公共交通"将成为该地区未来的交通运输网络的重要组成部分。

　　有关在大温哥华地区（Greater Vancouver）开展快速公交项目的决策、资金和合同管理的必要承诺的发展历程，在一个有关对上涨中的公共交通费用、新技术和大众经济的关注的气氛中拉开帷幕。正如我们今天所看到的高架列车（Skytrain）系统非常成功的运营，该成果很大程度上得益于记载在区域规划研究中的基础工作和形成项目建议中所采用的方法。

　　理解审议工作中的区域背景是非常重要的。按照所有的标准来看，时间框架都是相对较短的，从起初的官方审议到开始收费服务大约经历了10年时间。然而，从对于公共交通的社会意识及其潜力的角度来看，不列颠哥伦比亚省（British Columbia）公共交通的历史跨度有将近95年。

背景观察

大温哥华都市区位于加拿大西海岸的太平洋和海岸山脉之间，并且向南延伸至国境线。该区域在其1150平方公里的地域内拥有15个市政司法管辖区，每个管辖区都有一个由当地选举产生的市长和议会。作为不列颠哥伦比亚省的主要城市中心，大温哥华拥有约120万人口（占整个省人口的三分之二），并且是该省的商业、文化和社会资本的中心。

大温哥华地区的公共交通历史可追溯至1891年，当时一个私营企业——威斯敏斯特和温哥华电车公司（Westminster and Vancouver Tramway Company）——开始运营。随后的几年中，城际有轨电车线路规模得以扩大，进一步延伸了的有轨电车线路服务于日益增长的区域人口。然而，到20世纪50年代中期，不列颠哥伦比亚电车运营商（BC Electric）逐步取消了所有的客运铁路服务，代之以无轨电车和柴油公共汽车路线。

自20世纪50年代以来，该系统几乎没发生什么变化。线路得以扩张，车辆数也有所增长；在一些交通走廊中，服务频率变得更高，并且在1977年推出了跨港客运渡轮系统——水上巴士（SeaBus）。表1中的数据对大温哥华公共交通系统的现状提供了一个概况。

快速公交的复兴

温哥华地区的市民成功地反对了在20世纪60年代的城市高速公路建设，他们将注意力转移到快速公交系统上来，以寻求适应从郊区向中心城区商业核心地带的交通需求的解决方案。在20世纪60年代后期到70年代早期的一些研究得出了以下几个结论：

- 潜在的乘客量不足以保证重轨/地铁系统的建设。
- 从温哥华中心城区到郊区的两条交通廊道是轻轨系统的候选通道。
- 如果没有公共交通服务的改善,那么将需要进行较多的道路建设。

交通实况：大温哥华地区 1985~1986 年　　　　　　　　　　表 1

	常规公交	定制公交
服务范围	1150 平方公里	1150 平方公里
人口	120 万	
运营商	不列颠哥伦比亚公共交通集团（原名 MTOC）和西温哥华市公共交通集团	12 个独立运营商
年乘客量	9300 万	37 万
年运营公里数	6000 万	无数据
年服务小时数	300 万	17.1 万
雇员情况		
司机	1802 人	
机修工	383 人	
行政人员	475 人	
车队情况	245 辆电车；640 辆柴油车；2 辆水上巴士	80 辆有客货两用车和小汽车
总成本	1.545 亿美元	4100 万美元
税收	7090 万美元	40 万美元
票价结构	3 个票价分区的票价结构：高峰/平峰票价和票价优惠；可购买月票或单程票；单一区域内成人票为 1 美元	4 个票价分区

注：定制公交指对不能使用常规公交系统的残障人士所提供的类似于门到门的服务。

第二部分　公共交通发展的案例研究

　　1975 年，轻轨概念获得不列颠哥伦比亚省以市政事务部长（the Minister of Municipal Affairs）的政策声明形式的支持。一个长距离的公共交通规划被公之于众，其中轻轨系统作为公共交通改善计划中的一部分。实施该规划的直接步骤仅仅包括了公共汽车数量的扩张，公共汽车服务的改善和跨港渡轮——水上巴士的运营。尽管从德国购置单个轻轨车辆的原型获得认可，以建立对该规划中的轻轨部分的支持，但是随着 1975 年末期执政政府的挫败，项目实施陷入停顿。1976 年 1 月，一辆 Seimans-Duway 轻轨车辆运抵温哥华，至今仍然存储在仓库中未得以使用。接任的部长们尝试出售轻轨车辆，但从未获得成功。

　　在 20 世纪 70 年代末期，该省的公共交通机构——城市公共交通管理局（Urban Transit Authority，现称为不列颠哥伦比亚公共交通集团（BC Transit）），它代表城市司法管辖区，以与区域政府合作的方法为基础，授权提供资金，并参与到大温哥华都市区（Greater Vancouver Regional District）的轻轨交通详细规划的研究中。该机构的区域规划研究，以 1975～1976 年公布"宜居区域计划"（Liveable Region Program）告终，确定了将公共交通作为该规划的基石。该规划目标中至少有 50% 是依赖于公共交通改善的全部或部分实现。公共交通系统，包括引进的先进系统（例如轻轨），作为缓解该区域的交通问题的最有效手段而得到了认同和支持。该规划证明了"公共交通方案"的优势，即各部分人口都拥有更高级别的机动性，对道路、停车设施、桥梁等现有资源的更有效利用，依托公共交通以塑造社区和支持土地利用/开发策略以及能源保护。

　　对"宜居区域计划"获得地方认可后所进行的联合研究于 1979 年形成最终报告并公开出版。轨道交通走廊和优先权、车站位置以及一些初步工程分析的确定，都是最终报告的一部分。在整个区域内召开的公开会议都对巩固轨道建设提议和公共汽车系统改善的支持起到了推动作用。

　　在本地政治审批过程结束后，该报告及其实施的资金计划被转交至省级机构（不列颠哥伦比亚公共交通集团）以获得资金权限。

到此时，20 世纪 80 年代初期，已经出现了若干重大开发，并最终影响到推荐规划的及时实施。该公共交通规划并没有也不可能预测到将发生的变化。这些开发将在确定省级政府有关快速公共交通的立场上起到重要作用。

首先，可能是最重要但又是最不被理解的变化就是全球经济低迷。不列颠哥伦比亚省在国际经济周期的前些年中，似乎是有点被屏蔽了，但有迹象表明该省的经济并不大大落后于世界其他地区。尽管预测是含糊不清的，但经济下滑的影响将会在政府税收下降和失业率增加的情况下被感受到（这将导致更高的社会福利成本）。

第二个因素在当时也没有被很多人意识到其重要性。在 20 世纪 70 年代末期到 80 年代早期，国家政府和省级政府在努力解决宪法有关独立、团结和遣返问题。在整个国家内存在着在宪法讨论中达到高潮的、对于国家统一的持续增长的关注。省级政府的领导人和他们的政府正努力建立支持统一概念和宪法改革的联系。

最后一点是更显而易见也是更露骨的，三个特定的项目改变了制定决策的环境。最初的决定涉及一个新建的 6 万座的温哥华圆顶体育场的选址。在对可选方案进行了深入研究后，建议选址在一块毗邻中心城核心地区的土地上，而那里与所提议的轨道线路相距甚远。紧跟着这项建议，省政府很快就宣布它打算于 1986 年在温哥华主办交通主题的世界博览会的意图。1986 年世博会的选址位于毗邻温哥华中心城区商务区的废弃铁路站场上。它包括了体育场的位置，并且为世博会闭幕以后的城市改造而规划（北美地区此类项目中最大的一个）。此项宣布为该进程增加了三个新的因素：

- 该场地将成为一个重要的起讫点（包括 1986 年期间和 1986 年以后），而轻轨方案并不能很好地服务于该地区。
- 通过废弃铁路站场，在商务区下方的一条铁路隧道可供使用。
- 世博会的开幕日期，1986 年 5 月 2 日，成为任何铁路系统投入运营服务的新截止日期。

最终，虽然作为有关世博会的联邦/省协议的一部分，但最初是作为一个独立的项目，在温哥华滨水地区规划了一个贸易和会议中心。它同样在最初的规划中也没有轨道来服务，于是最终，有必要在世博会场址与贸易和会议中心之间提供一个高容量的连接设施。在世博会召开期间，滨水地区将设置加拿大馆（the Canadian Pavilion）和商务中心。

著名的"二次探查"

交通拥堵并没有减少，并且桥梁上的瓶颈段正变得越来越长，于是压力不断增大，需要寻求一个解决方案。虽然该省的公共交通机构（目前称作不列颠哥伦比亚公共交通集团）参与到研究中对方案的执行有所帮助，但并未对最初的方案采取正式的立场。然后，随着先前提到的这些变化和越来越多对缺乏任何行动进行评判的社论，以及来自于温哥华市政府的要求建造第二个系统来服务体育场、世博会场址、会议中心和其他中心城区活动的提议（需要省政府的资助），董事会启动了自己的审查。影响"二次探查"决定的两大因素与加拿大政府拥有在1986年世博会上加拿大公共交通展示橱窗（Canadian Transit Showcase）的利益相关，同时也和现有已遭到废弃的铁路隧道的获取有关。

考虑到新的信息，由不列颠哥伦比亚公共交通集团工作人员完成的对快速公共交通方案的研究，旨在确认重要的交通廊道和建设的先后顺序。然而，关于第一条优先建设线路南部的可行性以及关于地面轻轨系统目前和未来乘客量级别的对比等方面，研究中有提出质疑。

乘客量分析似乎倾向于保守的一面，预计在第一个稳定运营年，乘客量将在2100～2700万人次/年。（1986年因为世博会，预计访客将达1500万人次，因此并没有将其视作典型或稳定的时间以将容量需求建立在这样的基础上。）在最初几年中，高峰时段客流量将达8000人/小时的预测得到确认，而这仅仅是基于从公共汽车向列车实现交通换乘的乘客量。然而，由于轻轨与现有交通的冲突，该研究对轻轨方案满足未来容量需求的能力提出质疑。研究指出，价格、乘车质量和出行时间将会吸引新的乘客，一个超过2万人/小时的运载能力将要求建设停车换乘设施以及提供成熟的服务。

在36个道路交叉口运行地面轻轨系统的影响对于公路工程师而言，也是值得关心的问题。这些道路很多都是主干路，已经达到或接近它们的通行能力上限，而高峰时段的列车服务将会导致大规模的道路运输中断。然而，根据详细工程研究，在温哥华中心城区下方获得一条隧道的可能性，将会提供一个更加廉价的替代方案，并能通过一个单一的系统提供较先前行车路线而言更好的服务。

最后，该分析确定了在如此大规模的项目中创造就业机会和刺激经济发展的潜力。在经济最需要的时候，利用资本项目建设城市基础设施以塑造发展和创造新的经济增长点，这样的机遇得以确认和量化。

对替代方案以及最初规划和优先权的分析进行了权衡之后，公共交通事宜得以讨论。必须强调，这些与交通相关的议题仅仅是审议工作的一部分，最终仅形成决策的一小部分。概括起来，重要的议题如下：

容量：确认系统必须容纳至少两倍的初始交通流量，而不会招致重大投资成本或干扰服务。

运营预算：应尽一切努力减少通货膨胀对于包括劳动力成本和燃油成本在内的运营成本的影响。

服务水平：确认服务频率越高、出行时间越短，则系统将越具有吸引力。

交通干扰：平交道口将会新增交通停滞，以及/或者更慢的列车速度，最终导致两种交通方式都不被接受。

建设干扰：迫使街道封闭或大规模搬迁的建设规划同样不能接受。

经济分拆：作为项目的一部分，必须确保当地企业就业和产业多元化的机遇。

时间：1986年5月2日，世博会的开幕时间，是一个关键日期。

项目控制：必须对项目进度和预算控制问题给予足够的重视，以避免成本超支和公众疑虑。

公众信息：关于该项目对沿线当地居民的生活和出行习惯，以及对那些区域中将支付部分成本的其余人群所产生的影响，应确保有积极的信息通知活动。

系统选择

合同谈判与建设高级轻轨公共交通的决策分两个阶段达成。第一阶段涉及对于可接受的交通系统的描述，这几乎是一个对性能的描述，第二阶段包括对符合特定要求的技术和产品的审查。针对上述问题、机遇和约束条件，对可接受系统的定义遵循以下路径。为实现必要的运载能力，而不至于对交通系统造成混乱，很明显，公共交通线路必须采用立体交叉，要么位于高架要么位于地下。同时，也意味着该系统应能自动运行，这样就能实现减少一些运营成本方面通胀影响的目标。

几乎没有线路沿线的有关土壤等方面的能够为地下交通方案估算成本提供基础的信息。然而，基于从其他公共交通建设项目所能获得的数据，可以判断地下交通系统的成本超过了合理的资金限制。此外，建设地下交通系统的时间以及在建设过程中对社区和企业造成的干扰导致了决定规划一个高架交通系统。

如果该系统打算采用高架形式，那么将要对两个新问题进行审查。第一个问题涉及高架结构和沿线车站的视觉干扰。传统的轻轨或重轨系统在柱子和导轨方面都需要大量土建工程，并且车站必须建设得非常长，以容纳整列列车。然而，在这两种情况下，载客量的需求都能被满足。单轨则造成了安全问题（例如疏散步骤），于是将此方案淘汰了。因此，决定寻求一个相对于典型的超过16米长的轻轨车辆而言，能容纳更小、更轻便车辆的系统。较小的车辆（12米长，以满足载客量的需求）能够允许设计较小的轨道梁和更紧凑的车站。

然而，下一个问题与一个高架交通系统可能产生的噪声级别有关。我们审查了三个方案。第一个是考虑在轨道沿线安装隔音板，以减少轨道噪音渗入周边社区内。该方案没有得到重视，因为它违背了视觉干扰的规定。然后对剩余的两个方案进行了审查。首先研究的是采用橡胶轮车辆的方案，因为其噪声级别较低。但橡胶轮车辆在转换系统的复杂性和速度限制方面，成为限制最终系统载客量的因素。因此，我们寻求了一个钢轮和钢轨结合的方案。钢轮和可操纵的车辆被判断为能够提供系统速度、载客量和可接受的噪音发射水平。

其他因素，例如较小的车辆能更适合于温哥华中心城区地下现有的隧道，都使新系统规格的主要元素更具说服力。以此为基础，发起了对技术方案的详细审查。至少对 11 个自动化系统进行了调查，并且对一些新技术进行了详细地研究。最终，由多伦多城市交通发展公司（Urban Transportation Development Corporation，UTDC）所提议的高级轻轨公共交通系统受到青睐。由于这是一个新系统，尽管在金斯敦（Kingston）的城市交通发展公司的测试设备上测试了近 10 年，但它在预示着经济机遇的同时也预示着新的风险。高级轻轨公共交通车辆组件和内部系统的采购可能涉及不列颠哥伦比亚省的诸多公司，并且解决产业多元化的问题。然而，新技术也随之带来了需要分析的风险因素。

处理风险

在确定了区域公共交通系统的合理结构与潜在供应商之后，不列颠哥伦比亚公共交通集团开始对从先前的研究和这个巨大项目中引进的不同技术相关联的风险进行分析。这些风险因素分为四个领域——技术、设计与建造、项目管理（包括运营管理）和社区反馈。分析的主要结果是形成了在签订合同后不久即要求建造一小段导轨的条款。

众所周知，"预制（Prebuild）"部分包括在进行公告后的短短 14 个月内建设 1.2 公里的高架轨道、一个车站和完成两列车辆样品的交付。五个月来，两列车在导轨上往返运行，完成了超过 1.3 万次出行以及载客超过 30 万人次。尽管"预制"是带着优价标签，该概念旨在处理四个领域中所界定的风险。要按时并且在预算范围内成功完成该项目主要部分——剩余的 20 公里导轨、14 个车站和维修设施，则源于从"预制"所获得的经验和产生的支持。

在"快速通道"项目中，"预制"是对土建设计和为项目其余部分施工的方式进行的第一个测试。预制梁的生产、运输和制造有着一大堆潜在的困难，但这些困难在重大问题出现之前很容易就被消除了。最终的横梁设计在柱子间隔处借鉴"预制"的经验，得以更改，并且公用设施和通信公司对于系统不会和相邻设施相互影响感到满意。

在展示期间，列车控制系统和列车都表现出色，系统的可靠度超过了 99%。然而，对组件故障和维修程序的跟踪提供了改良措施，这些措施都被合成到最终生产的车辆中。由制造商／设计师所提供的工程技术人员对"预制"的操作使向安大略省金斯顿市的总公司设计组进行快速和高效率的技术反馈成为可能。

从制度角度来看，"预制"使参与机构和系统合同（System Contract）中的委托人，都能形成贯穿整个项目阶段的工作关系和实践。从不列颠哥伦比亚省公共交通集团的观点来看，它提供了向公用设施公司等展示如下机遇：高级轻轨公共交通系统是一个重要项目以及相关事物会妥善安排，发票会按时支付。由于"预制"的时间安排非常紧迫，很多与动员机构相关的繁文缛节，诸如那些公用设施重新选址、建筑审批等所必须的内容都被剔除了。因此，除了项目获得的政府支持和公众认可外，当"预制"获得成功时，技术层面的参与者们对整个项目也获得了重新焕发的热情。

"预制"的最重要的影响正是其目标支持者——不列颠哥伦比亚和温哥华的公众——所感受到的。在五个月之内，超过 25 万人享受了乘坐两节列车往返的经历。乘客的评论表明了对所展示的技术、系统和设计标准选择的支持，以及对完成第一期线路的迫不及待。在"预制"中心所提供的信息传递了两个信号：第一，新的高级轻轨公共交通系统对原先所推荐的技术进行了改进；第二，该改进意味着出行时间将缩短近 30%，服务水平将会更高。与新系统（旧金山湾区快速公交系统（BART）就是替罪羊）相关的风险正在处理中。例如，直线电机和列车自动控制系统的技术说明，被译成了每个人都能理解的描述。其目的是消除那些使用该技术表面上的奥秘来预见未来问题的批评家们的危险。

然而，最终，是实际经验令人信服。"预制"正是确凿的证据：讨论了近20年的快速交通系统实际上采用了仅14个月就得以成形。

城市形态的重要性

在"预制"项目中，出现了在另一个重要支持者中建立信心的机遇。在整个有关快速公交的时间安排、选择和成本方面的争论过程中，待发展的社区始终保持沉默。正如其他社区一样，他们对于项目是否真的会建设持怀疑态度。然而，有一家开发公司买下了与所提议的"预制"线路毗邻的一块土地，该地块紧邻主街站（Main Street Station）站点。该站点原本是要跨坐在主街和终端大道（Terminal Avenue）的交叉口上，其方向与使用终端大道中心线的轨道走向一致。然而，与开发商的协商导致了一个具有吸引力的变化：将车站重新选址于开发商所拥有的一部分土地中。新选址为温哥华高级轻轨公共交通系统、公共汽车和世博会场址提供了更好的交通出入条件，为地产规划所建议的商业／办公／酒店开发提供了直接连接，并且提供了一个可利用的新的公共交通市场，以及由开发商为车站建设所承担的现金支出。

总的来说，该协议成了正在进行项目的路权获取程序中的一个里程碑。不列颠哥伦比亚公共交通集团表达了与开发行业达成业务协议的意愿，承认现金支出可以在占用建筑之时予以支付。此外，支出规则是基于最终的项目大小，这使不列颠哥伦比亚公共交通集团成了由温哥华市政府所作出的区划奖励和容积率增加的部分受益人。该协议在商业报刊的宣传，预示着与待开发社区之间的全新关系。随后在沿线的一些主要站点都进行了协议谈判，并且与开发商合资建设的项目也正在考虑之中。

随着项目的规程化和合同谈判的进行，很明显，需要克服的

第二部分 公共交通发展的案例研究

六节编组的"高架列车"正在驶过1986年世博会场址的东门。交通是温哥华世界博览会的主题。
照片由"第五视角"摄影组提供

最重要的风险因素是可能会缺乏公众支持。由于有着较长的项目交付周期和影响人们生活的潜在干扰行为,因此凝聚公众支持的方法就显得十分关键。"预制"被认为是可以发表的最重要的声明了。

项目的实施

1980年12月,不列颠哥伦比亚政府根据城市公共交通管理局(现在称作不列颠哥伦比亚公共交通集团)董事会的建议实施项目,并为使用高级轻轨公共交通技术来建设温哥华区域快速公交系统宣布资金授权。省政府要求授权当局执行以下措施:
(1)与城市交通发展公司就有关运营于温哥华中心城区到新威斯敏斯特(New Westminster)的快速公交系统第一期的高级轻轨公共交通车辆与服务的供应事项商定一份合同;

（2）进一步调研与穿越弗雷泽河（Fraser River）到达萨里（Surrey）有关的建设成本（即第二期）；
（3）形成监督高级轻轨公共交通合同的管理制度；
（4）寻求基于现行区域经济投资战略的联邦政府对高级轻轨公共交通财政支持的机遇；
（5）鼓励城市交通发展公司与现有的不列颠哥伦比亚公司共同进入到与高级轻轨公共交通车辆生产程序有关的经济/制造协议中。

作为与城市交通发展公司的代表们谈判的结果，两大公司在1981年5月末达成了包含如下主要项目的系统合同：

- 在城市公共交通管理局和MCL（城市交通发展公司的一个子公司）之间就设计/工程方面的责任分工；
- 车辆、列车控制、其他相关硬件的供应和固定价格，以及测试/调试；
- 到1986年1月1日完成第一期系统（到西威斯敏斯特）的全部建设；
- 到1983年5月1日完成示范线路(1公里)的建设并投入运营；
- 系统性能标准、协定和保障；
- 提供处理运营公司的发展和最初两年税收服务的补充协议。

即将建设的系统在大温哥华区域管理局的规划文件以及供应商（城市交通发展公司）对高级轻轨公共交通应用于温哥华需求的评估中得到了大致界定。表2列出了最终系统的主要特点。

项目组织

不列颠哥伦比亚公共交通集团被授权全权负责建立高级轻轨公共交通系统。由董事会负责项目的设计、施工、调试和初期（两年）运营，并保留全权负责规划、线路审批、土地征用、通信和财务。该系统的合约要求加拿大地铁公司（Metro Canada）管理设计、施工、采购等。建立了一个小型组织，代表所有者（不列颠哥伦比亚公共交通集团）来管理该系统的合约。

第二部分　公共交通发展的案例研究

温哥华区域快速公交第一期主要特征　　　　表 2

落成典礼	1986 年 1 月	
长度	22 公里	12 公里高架, 7 公里地面, 2 公里地下; 双轨
车站数目	15	9 个高架车站, 2 个地面车站, 4 个地下车站
车辆数	114 节车厢	由安大略省金斯顿 Venturtrans 公司提供 载客量为 90 人（40 座） 以密切结合的成对车厢（2 节、3 节或 6 节车厢）组成的列车
运营		SELTRAC 列车控制系统; 规划的最小发车时距为 1.75 分钟; 设计车速为 72 公里/小时; 初期乘客运载能力为每高峰小时单向 1 万人; 设计乘客运载能力为每高峰小时单向 2.16 万人
维修服务设施		系统控制中心; 场地面积 20 英亩; 存车线长 1.5 公里; 极限存车量 250 辆; 维修车间 4 条轨道; 车辆检查与清洗车间 2 条轨道
导轨		高架; 梯形梁、预制和预应力混凝土; 双轨宽度 6.02 米; 通称跨度 30 米; 深度 2.97 米

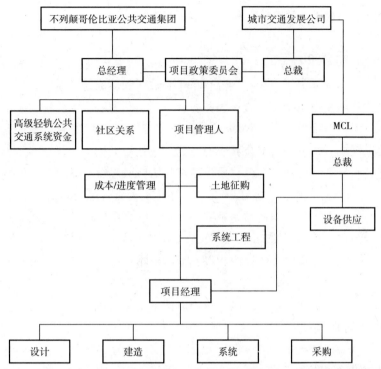

图1　组织结构：温哥华区域快速公共交通联合项目管理办公室（1983年）

到1983年中期，在"预制"建设完成以及最后的线路选定后，对管理结构进行了重新评估，并建立了联合项目管理办公室（Joint Project Office，JPO）。设计了将代表业主（不列颠哥伦比亚公共交通集团）的专业人员和总承包人（MCL）及其主要的转包商进行合并，以确保该团体能够高效地工作。基于对项目成功的单一视角的定义，在工作阶层形成了一种新气氛。在工作进行期间，有关合约方面的事件（以前曾经妨碍了未完成问题的快速解决）被提交给不列颠哥伦比亚公共交通集团和MCL的高层管理。图1显示了最终的项目组织结构。

不列颠哥伦比亚公共交通集团仅保留了金融和社区关系方面的公司职责。然而，先前分离的两个项目组的合并，创造了设计规范、成本控制和项目管理中极高的效率。目标的统一（将项目按时和在预算之内完成）成为联合项目管理职能最杰出的方面。

运营与其他

1986 年 1 月 3 日，连接温哥华中心城区和新威斯敏斯特的高级轻轨公共交通系统开始收费服务。从一开始起，该高级轻轨公共交通线路就被规划整合为区域交通系统的一部分。这一整合以两种形式出现：一个覆盖所有公共交通方式（包括水上巴士、公共汽车和高级轻轨公共交通）的单一票价系统；为接驳轻轨车站而重新设计的公共汽车时刻表和线路以及形成在不同交通方式之间的便捷换乘。公共汽车系统的结构调整是基于如下理念：高级轻轨公共交通线路主要提供长线运输的功能，而公共汽车则在本地区提供集散客流的服务。公共汽车线路的缩短和以更低的成本、更有效使用轨道交通来运载更大的客流量，其结果是运营成本的节约将日积月累。此外，为达到最大程度的运营节约，我们取消了重复或重叠线路的公共汽车/列车服务。最后，公共汽车系统的结构调整为本地交通出行的最大潜力做好了准备。不仅本地公共汽车路线的运营时间与列车运营时间进行了协调一致，还对公共汽车网络和本地中心的一体化以及车站公共汽车环线的及时换乘时刻表进行了设计，以支持在本地社区和在长途运输线路上的公共交通乘客量。

由于受到世博会游客的影响，最初一年的乘客量有很大程度的倾斜。除了参会人员以外（即在 5 月 2 日之前），先期的乘客量预测表明如下特征：

- 80% 的高级轻轨公共交通线路乘客来自于原先乘坐公共汽车的乘客；
- 67% 的高级轻轨公共交通线路乘客来自于伯纳比（Burnaby）、新威斯敏斯特和温哥华；
- 高峰时段乘客量预计将达高峰方向每小时约 6000~8000 人次。

这些预测是纯粹基于廊道内的需求预测，并没有考虑任何从小汽车向公共交通方式的重要转移或反向通勤。如果将北岸区（North Shore）使用水上巴士和高级轻轨公共交通通勤去伯纳比中心区上班的居民也结合进去，那么后者将是一个特别有趣的变量。

从 1986 年 1 月 3 日起的收费运营，是一个巨大的成功。当地居民反应热烈，造成了大排长龙，尤其是在周末以及早先几周的服务期。在整个四月，日均乘客量达到 7 万人次。1986 年世博会的开幕带来了远远超出早期预测的客流量水平。世博会的高架列车每日载客量达 15 万人次，有几天几乎接近 20 万。统计数据表明，该系统正在以其载客量的 150% 运营。博览会期间的收入超过了开支，该公共交通系统真实地记录下了整个博览会期间的利润。

公众反应持续高涨，政府也已授权将系统进行延伸，穿过弗雷泽河到达萨里。目前正在建设一座新的斜拉桥以容纳最初的 2.5 公里延长线。我们的目标是使新延伸段于 1990 年 2 月投入收费运营。

结论

公共交通将在城市中心区未来发展中发挥重大作用，这种观点在北美各地普遍流行，尽管当代杂志中的文章试图改变这种看法。公共交通"解决方案"并不是都像温哥华快速公交项目那样激进，也并不都是那么昂贵。然而，随着对支持者有着越来越高的期望以及每个人对于项目的成功都有着一套复杂的需求，即使最简单的改善措施都必须在启动之前达成共识。"解决方案"的核心必须是启动项目所必需的政治意愿。一个综合的公共交通计划需要识别技术管理和资金问题的创新性方法，而如今这些方法会控制以尽可能低的价格提供的更好、更快、更舒适的服务。解决方案需要的并不是昂贵的项目。

任何解决方案的支持必须包含带给公共交通服务的各个支持者的利益。这些支持者包括广义的社区成员、公共交通员工、企业工作者和各级政界人士。非常关键的一点是，每一个广义支持者的需求/目标必须得以识别，并且要寻求满足他们的常规途径。机构的信誉以及未来支持的潜力，取决于不断持续的交换意见和项目成就的及时交付。

在温哥华，项目团队和各支持者之间所形成的积极关系的影响是建立共识进程的良好措施。我们在其中获得了若干广泛而更加具体的经验教训，总结如下：

（1）计划必须涉及所有选民群体的需要。
（2）在一个项目启动之前，必须在广泛的基础上建立共识。
（3）任何旨在建立共识的计划都将花费金钱来管理，它应由最高层的组织进行管理。
（4）取得共识的进程是持续不断的，并不只是与单个项目有关。

为应对问题、教育和消除谬见所形成的资料，加上源自别处的资料，都为决策制定者提供了高瞻远瞩目标的最佳原始资料。为支持任何社区内的公共交通主动性所形成的联系都有可能会对未来产生影响，甚至对于那些与公共交通没有关联的问题亦是如此。这是公共交通发展中未被预计到的副作用。

在温哥华，通过项目的开发与实施，公共交通已经被视作具有优先权的事物。其需求已被当作一种信念得以确立、接受和内化。不列颠哥伦比亚公共交通集团成功地将"公共交通解决方案"——高架列车——定位为服务于该需求。然而，重要的是，需再次提醒，高架列车系统本身（作为一个简单的公共交通解决方案），并不会产生和维持目前所体验到的支持程度。对其他问题的理解和将信息宣传瞄准更广泛的问题，例如失业，都促使了它的成功。

第三部分

有关实施的议题

美国城市中新型公共交通系统的突然盛行是伴随着技术和策略的激增而出现的,而这些技术和策略是为了资助公共交通发展和配置能塑造此类开发所带来的城市影响的经济、法律和政治工具。责任、风险和收益的分担是这一部分文章的共同主题;它们的核心经验与教训是需要有想象力的规划、协调的环境和开明的领导,以将与公共交通发展有关的机遇转化为可行、宜居和负担得起的城市设计。

公众参与和公共交通规划

小托马斯·C·帕克（Thomas C. Parker, Jr.）
弗吉尼亚州阿灵顿县
经济发展司司长

弗吉尼亚州的阿灵顿是美国最小的县之一，其土地面积为 25 平方英里，拥有 15.9 万人口。作为一个非常邻近哥伦比亚特区（District of Columbia）的郊区，阿灵顿在 1930~1950 年间是美国增长最快速的司法管辖区，期间人口增长了 400%，从 2.6 万人增至 13.54 万人。过去 25 年间经历了爆炸性的商业增长，私人办公空间从 100 万平方英尺增长至 2200 万平方英尺，酒店客房数从 1000 个增长至 8000 个。

伴随这种巨大的增长，人们会预期产生大量的市民与开发商之间的冲突。然而，事实恰好相反，因为阿灵顿有着丰富的市民参与的传统。在一个控制增长成为标语的区域中，阿灵顿是一片"宁静的海洋"，在那里，市民和开发商不仅坐下来共同协商，还通过公私合作共同营销该县的开发地区。其经验与教训告诉我们，专注的政治领导、健全的规划和市民参与能调和好这个多元化的社会。从阿灵顿的发展历程可见，这些要素中最重要的一点就是市民参与。

我们都看到过这样的案例，强有力的政治领导使社会发生翻天覆地的变化。然而，在大多数情况下，随着在政治进程中个人的去留，这种领导是偶然才出现的。在政治领导方面更重要的是对于坚实的社会目标的长期信奉。健全的规划同样也很重要。不幸的是，我们都弄不清楚那些富有想象力和考虑周到的规划是最终结束于咖啡桌上，或更糟的，埋没在书架上。持续的市民参与是解决问题的方案，但这必须比一个补缀或形式上的规划承诺或开发商参与要来得更加深入。我们所需要的是对市民参与和知情权的长期承诺。

对两个县的警示性叙述

市民参与的重要性在两个县的有关叙述中有清晰的说明。在 20 世纪 60 年代早期，华盛顿地区的地方政府就开始规划区域快速轨道系统，也就是现在的地铁。所有的管辖区都平等地参与其中，但在最终分析中，一些管辖区比另一些在任务完成中投入更多。阿灵顿也借此机会游说，以争取其能够承受得起的最大量和最佳的系统，它不仅服务于该县现有的商业走廊，并且在未来还将为那些即使到那时仍然衰败的商业地区的选择性重建提供助推动力。

基于以下前提，这将是一个简单的规划，即如果该县出现增长，那么社会将把增长作为目标，而这些增长将集中于那些发展将会服务于社会目标的有限地区。通过锁定目标和集中发展，业已建立的社会的平衡将得以留存和保护。这一概念受到公共交通管理部门规划者的欢迎，因为它将雇员和居民集中在公共交通附近，使地铁的利用发挥出最大优势。

这对于阿灵顿来说是个昂贵的规划。除了车站位于联邦地产之上以外，阿灵顿所有的地铁车站都是在既有商业走廊上进行的重轨地铁建设。事实上，由于阿灵顿有 11 个车站，这样算来，其人均拥有的车站数比区域中任何一个司法管辖区都多，即使是在整个美国来看，也仅次于佐治亚州的迪凯特（Decatur）（2 个车站服务 2.5 万居民）。

与此相反，其他各县都选择使用快速公交作为通勤轨道系统。这是可选方案中最便宜的，采用地面轨道穿过轻度开发的居住廊道。该司法管辖区在过去几年中，在吸引企业和高科技发展方面取得了巨大成功，并且在商业办公空间方面经历了爆炸性增长——从 1960 年的 200 万平方英尺到如今的 4400 万平方英尺。不幸的是，以上开发中没有一项是由快速公交服务的。于是最直接的结果就是，该司法管辖区目前卷入了华盛顿地区最热门的政治上的增长辩论中。这场辩论的焦点是开发所产生的交通影响，以及如何或者是否要围绕现已到位并处于运营中的地铁车站发展的问题。

公众参与的传统

阿灵顿公共交通规划中公众参与的历史可追溯到1961年，当时公众正参与到阿灵顿早期的地铁线路和车站选址的规划中。当区域地铁系统在1968年获批之时，该公众参与已经持续了6年，内容是有关该县的两条公共交通廊道的议题和背景性规划研究。在1974年，超过200个社会团体参与到一个集中的社会目标进程中，该进程聚焦于如何确定适合于每一个公共交通车站的开发类型和特征。到了1975年和1976年，那些目标被转化为每个地铁站的总体规划。在总体规划得以采纳后，规划委员会（Planning Commission）和工作人员以及社会团体开始为开发实施设计出明确的局部规划。

在这25年中，几乎该区域内其他每个司法管辖区都经历着对有关公共交通和与公共交通相关的开发选址问题的激烈辩论，但阿灵顿的初始线路和车站的选址却一次都未遭到质疑。尽管对开发的性质和类型存在大量的社会讨论，但每个车站将作为紧凑的居住和商业开发的焦点并服务于该片区这样的基本前提却从未受到挑战。这些当人们理解了阿灵顿最高强度开发的公共交通廊道后就能得到完全认同，该廊道在3英里之内有5座车站，围绕其周边的是建成的居民区，所有居民区都在距车站1~3个街区的步行范围内。

市民参与的具体例子是内容丰富的。在1979年，阿灵顿面临着如何在鲍尔斯顿（Ballston）——该县中部的一个老的边缘商业地区——实现真正的居住和办公混合功能开发这样的重大问题。随后成立了一个容市民、开发商、政府于一体的委员会。经过广泛研究后，该委员会提议了一个新的区划分区，该地区的有效密度几乎达到了该县其他地区所允许密度的两倍，此外，该委员会所提议的建筑高度也是该县中最高的。在大多数社区中，这将导致市民与开发商之间的重大对抗。当有关是否采纳该区划分区的公众听证会召开时，首先发言的三位是相邻社会团体的代表，他们支持所提议的分区。

第三部分　有关实施的议题

他们的信息即是如果一个社区想要获得真正的居住与办公的混合开发，那么一定的密度和高度是绝对需要的。该分区的提议以无一反对意见而被采纳。

然而，由于很多原因，鲍尔斯顿的发展并没有按规划进行。在1985年，经济发展委员会（the Economic Development Commission）将开发商和市民召集起来，商讨如何让政府、开发商和市民共同努力，来促成所规划的开发。在那以后便形成了华盛顿地区最有名的成功案例之一。在那次会议结束前，形成了鲍尔斯顿合作委员会（Ballston Partnership），由开发商和市民组成有效委员的两方，一方负责处理市场营销，另一方则应对城市设计的问题。这两方的委员会开始每周召开会议。该委员会在6个月内募集了2.5万美元的资金，并且成功地向阿灵顿县议会申请到为该委员会按同等金额的原则配套第一

鲍尔斯顿合作委员会接待中心。从左至右分别为：约翰·舒尚（John Shooshan）公司克丽斯塔·艾茉森（Krista Amason），鲍尔斯顿合作委员会（Ballston Partnership）行政总裁吉·米勒（Gisela Miller），奥利弗·卡尔（Oliver T. Carr）公司汤姆·卡尔（Tom Carr）。

年20万美元的工作计划。在18个月内,员工和设备配置齐全的营销中心投入运营。

随着该委员会及其附属委员会几乎每天会面,这股自发的热情得以延续。本着真正合作伙伴关系的精神,每个问题都是通过协商得以解决的。以每年缴纳10美元参与该委员会的市民与每年缴纳5000美元参与的开发商拥有同等的话语权。市民成员在所有委员会内都非常积极,包括起草细则和编辑时事通讯。结果是引人注目的。在该合作委员会的头两年中,就建造起两幢办公楼和一个80万平方英尺、四级商业中心,并且很大一部分已被预先租赁;另有三幢办公楼、新的公寓住宅和两幢酒店正在建设中。鲍尔斯顿合作委员会的成功激励了其他组织。阿灵顿另两个合作委员会目前也在积极组建中。

鲍尔斯顿合作委员会接待中心模型

当我们被阿灵顿县以外的人问起："你们是如何做成功的？"我们的回答是："市民参与。"我们经常听到这样的回答，"我们做不了"。不幸的是，可能真是如此。如果该地区没有市民参与的历史，如果市民参与仅是一种假象或类似于特洛伊木马，如果并不是所有各方都将市民参与接受为社会、开发和政府利益的真正伙伴，那么成功将难以实现。

基础设施的融资与联合开发

乔恩·W·马茨（Jon W. Martz）
得克萨斯州休斯敦
城市机动性研究莱斯中心（Rice Center）
研究组主任

认为公共交通是由政府提供的社会服务的理念正在被基于利益的公共交通融资，即谁受益谁支付的理念所取代。公共交通服务的受益人名单正在扩大，以反映这一新理念，它不仅将乘客鉴定为受益人，同样把广大公众、雇员、零售企业和私人开发商都囊括在内。尽管这项对公共交通融资重新审查的重点是对私营部门分享公共交通服务和设施利益的份额进行评估，但私营部门参与的另一个途径的势头也在增大。公共交通机构正越来越多地仔细观察着让私营部门参与到建设、维护和公共交通服务与设施的运营等各方面的机遇。这些都能为公共机构提供大量的成本节约和风险降低。

对于每个参与者而言，联合开发机遇的价值各不相同。从公共交通机构的角度来说，其利益是扩张的乘客量、增加的收入，以及（或者）公共交通建设或运营成本方面的节约。尽管公共交通机构的主要目标是发展和运营公共交通系统，但它的行为会影响到地产价值和地区开发。为利用其潜力，公共交通可能不得不承担一个更进取的角色。从开发商的角度来说，使投资回报最大化或提升某个特定地点或地区的可达性可能成为其主要目标。与公共交通机构的合作可以促成该目标的实现。从社会的立场看，改善公共交通服务和地区的复兴可能是其目标。不使用公共交通的人也可以通过地方营业税的增长而受益。该进程的所有参与者都会试图寻求伴随公共交通在某一地区出现而显现出的"溢价"。

以下是就下述评定标准而讨论的公私合作方面的机制,其评定标准包括税收影响、政治可行性、公平性议题和存在的问题、行政成本和可行性、简洁程度、乘客量提升、时间安排、公共交通的先例、机会成本和法律障碍。让私营部门参与到公共交通的发展中有着很多优势,但要成功的话,公共交通机构可能需要具有企业性质。在某些联合开发的实践中,公共交通机构甚至还可能成为开发商。那就与大多数公共交通机构所承担的使命——仅仅提供交通运输服务——大不相同了。

征收土地

土地征收包括由公共交通机构在车站站址或走廊沿线对土地进行集中,以及随后的将所获得的该财产权的一部分出租给私人开发商。业主可以以一个长期的土地租约,基于大量成本分摊或基于售后回租来实现土地的征收。此外,所征收的土地可以用于眼下的公共交通需求或出租给私人使用并保留以满足未来的公共交通需求。该机制的政治可行性取决于土地所有者和该项目区域中相互竞争的开发商的反应。如果公共交通机构试图在该地区土地所有者的反对之下集中土地,将会导致严重的问题。如果土地集中是在开发商认为发展前景黯淡的地方实施的话,或这类项目的刺激效应被其他土地所有者积极寻求的话,类似的反对就可能有所减弱。

对公共交通机构征收土地权力的强烈反对可能会导致对其当局的法律挑战,该权力尚未被彻底考验。一些公共交通机构在法律上被禁止在实际使用之前过早征收土地。当相互竞争的土地所有者反对公共机构参与到私人开发中去的时候,公平性问题就会在此过程中出现。土地所有者将土地让给公共交通机构管理,另一个私人开发商可能会说,那个私人开发商正在被给予不公平的优势。公共机构通常在没有采取行动的直接正当理由的情况下,不会进行大量的土地征收。当地产价值如前所述被认为是低下的,以及税收对所开发社区的激励对于私营部门项目的时间安排有利时,这些行动的时间安排对于公众来说是有意义的。

公共交通的土地堆积最常采用的形式是为未来的公共交通廊道捐赠路权,相对少一些的是提供车站用地。波士顿的马萨诸塞州海湾运输局(MBTA)在1973年和1976年借了资金进行了大笔购买;在费城,公共交通地产从宾夕法尼亚州中央铁路公司(Pennsylvania Central Railroad)购买了郊区的路权。尽早征收土地,存在着机会成本,但由于预先的地产收购是实施重大公共交通项目所需要的早期行动,因此就地产最终被该项目所使用的程度而言,其成本很可能是可接受的。土地和财产的捐赠可能会降低公共交通车站的前期土地成本,同时由捐助者将区位优势给予其他业主。在此机制下,与公共交通车站共享停车位也被包括在内。

当由私人土地所有者所采取的这类行动能够改变车站的位置使之对土地所有者有利时,土地的捐赠就最可能出现。有很多改变了高速公路线路位置的土地捐赠的例子,这表明这一机制的法律可行性很高。土地捐赠的收入影响是直接的,因为它们在早期阶段就抵消了车站和线路开发的一项重大成本。然而,路权的全部成本还包括了重新安置的成本和因土地被捐赠而产生可能要支付的赔偿金。政治可行性通常是个问题。对实施捐赠的土地所有者通过改变车站位置从而在不对等或处于不利地位的竞争中获利这方面的怀疑,是一个可能要面对的问题。

土地捐赠是一个易于理解的概念以及实施交通运输改善的公认方法。土地捐赠的机会成本仅仅出现在捐赠被公共交通机构的特殊需求所牵制的情况下。很可能这类捐赠会有附加条件,例如车站的区位、建筑或城市设计的要求。接受捐赠土地有一些法律和程序上的条件,其中最显著的就是使用联邦统一物业收购和重新安置标准(the Federal Uniform Property Acquisition and Relocation standards),因此在利用该项机制时,应尽早咨询房地产和法律界人士。

开发权利

由公共交通机构出租和出售开发权是将剩余或未充分利用的地产转化为对机构有利的方法,例如,出租车站或公共交通中心的上空使用权,或出租为郊区的停车换乘设施所控制的土地开发,即属于这一类别。对于一个单独的车站而言,上空或地面开发在收入方面非常可观。

该机制的可行性部分取决于它得以实现的方法。如果开发权被拿来作为投标使用,可行性可能会因为该方法在使公共交通机构实现最大收入的同时消除了不公平优势的观念而得到提升。作为场地所有者,公共交通机构可能会把自己置于与周边地产所有者相互竞争的地位。这再次涉及让一个公共机构参与联合开发的企业性质方面的问题。为了减轻忧虑,这一问题必须在总体政策背景下得以处理,而不是基于特定的场地。大城市通过经济和开发机构及部门,以有限的方式参与其中。

上空使用权的出租既被用于公共交通车站,也被用于公路发展。波士顿的科普利广场(Copley Place)在一条主要公路干线和铁路路权上均利用了上空使用权。华盛顿特区的华盛顿都会区运输局(WMATA)将1.5英亩土地出租给保诚保险公司(Prudential),并从开发中获得了一定百分比的净收益。加利福尼亚州政府将路权的场地出租给私人所关注的停车、储物以及积极开发等用途。在内华达州斯帕克斯市(Sparks,Nevada),一个娱乐场将其空域和公路下方的空间对外出租。在圣克鲁斯(Santa Cruz),公共交通集团将城市中心区换乘设施中的办公和零售空间对外出租。在塔科马,六个地块以较低的年利率被出租20~30年。在凤凰城,在一个将要建成交通换乘中心的购物中心出现了类似的租约。目前存在许多包括有关公共机构参与私人开发问题在内的法律考量。例如,当土地已被征用并用于提供公共交通服务的特殊目的时,公共交通机构能否利用它的征用权来征用土地,并将其出售和出租以实现上空使用权的开发?

车站建设费用分摊

车站建设的费用可以与开发商或受益于车站开发的业主共同分担。它可以改变车站的区位或提升车站的质量。提升车站的质量在政治上似乎是可行的；然而，分摊费用并重新进行车站选址，则存在有关公平性问题争议的可能性，包括对其他土地所有者的不利因素以及对乘客可能造成的影响。费用分摊同样也可以通过与地区企业坦诚合作，直接分摊建设公共交通系统的费用来达成。费用分摊的优势之一在于它非常易于理解。这就使其易于描述和公开讨论。

  费用分摊的感知动机成为一个主要的议题。是捐赠者从公共交通机构那里购买决定还是他为比公共交通机构自身所能获得的更高质量或更好区位支付费用？他们是在帮助还是在贿赂公共交通机构呢？这将取决于捐赠者、邻近地区其他人员的反应以及公共交通机构所使用的程序。费用分摊似乎对公众利益有利，因为私营部门通常直接为支持其他公益类型的项目做出贡献，即使在那些直接收益难以判断的领域。如果社区领导采纳了这类方法，车站建设费用的很大一部分可以由这种形式的费用分摊来支付。

  这种支付方式可以有多种形式，包括评估、所有权约定、直接捐赠等等。费用分摊的实例包括在圣路易斯（St. Louis），一个本地的广告公司为公共汽车候车亭支付费用。在新泽西州斯考克斯市（Secaucus），一个本地工业为新泽西公共交通公司（New Jersey Transit）建设了一个火车站，作为混合用途开发的一部分。在其他地方，私人开发商贡献了立体交叉建设费用的一部分，以加快公路的改善。在休斯敦，一座跨越一条主要公路的大桥由绿道广场（Greenway Plaza）的私人资金建设。在达拉斯，南国公司（Southland Corporation）正与城市协商，以帮助轻轨项目分摊建设费用，该轻轨项目是南国公司沿着北部中央高速公路的重大开发项目的一部分。在新奥尔良（New Orleans），开发商和业主已达成承诺，为规划的有轨电车系统建设十座车站。

  在任何的私营部门实体为公共项目支付一部分款项的情况下，行政和法律的要求可能是复杂的，但并不是压倒性的。私营部门的捐赠者可以为其捐赠附加条件，并且它们可能需要准备对这些捐赠进行延期支付。正如在任何的合作协议中，这些条件将不得不被作为最终的协议，即合同的一部分而提出。

特许权的租契

通过租赁协议，公共交通车站能为公共交通机构提供收入，为私营部门提供零售机遇。这种特许权为公共交通乘客带来了便捷，尤其适合于区域公共交通中心，在那里，此类设施的规模大到足以容纳零售活动。商业特许权的范围部分是出于政策选择。当前的车站设计导则是否排除了诸如便利店、清洗或汽车服务以及大量自动贩卖机操作的商业活动？是否允许银行自动柜员机、热狗销售摊位和类似活动的存在？通常情况下，由地方政府来补偿与这些特许权的提供有关的设施的那部分费用。但是当公共财产的特许权被给予其他人时，竞争企业通常会抱怨他们所遭受的损失。此类公平性问题常常要求公共交通机构应为特许权实行投标。

在活动中心，可以想象，公共交通中心的特许权由该地区的企业来管理，作为他们维持高标准运营所做努力的一部分。特许权获得者及相关企业可以反对这种方法，不过当它成为公共交通中心运营更广泛策略的一部分时，可以将这种反对减到最少。特许权需要根据每个车站所发现的活动水平而变化。它的范围可以从为基本的公共交通使用者需求所提供的简单的自动售货机操作到更复杂的食品销售摊位、商业摊位和露天市场。收入的数量将取决于乘客量的大小和交通实际产生的零售量。

公共交通机构在其所征收的公共土地上，可能与私人开发商共同参与开发，分享公平性并获得一定百分比的收入。该方法的变化形式是公共交通机构参与到私人所有或公共所有地产的再开发。共同开发的收入潜力与出租和销售开发权相类似，但如果风险要在公共部门和私人部门平均分担的话，共同开发会带有可能出现的风险。我们所听到的很多所谓的公私合伙制，都是基于试图分散风险，将公共部门的风险转嫁到私人投资者的头上。事实上，公共部门可能会承担比它通常所预期面对的更大的风险。

共享的路权被用来在现有的州立高速公路路权内建设公共交通

专用道，例如在休斯敦就是这样做的。它允许公共交通机构通过将公共交通设施并入现有的道路来减少开发费用。

系统接合部位

地产可以在毗邻的私人或公共开发与公共交通车站之间提供一个直接的物理连接，从而改善行人可达性和提升开发的安全性、美感和便捷性。收入的潜力可以大幅度变化，取决于接合部位的类型，包括行人、公共汽车或小汽车的连接，例如停车方面。私营部门可以通过更直接的连接或战略性安排为这些成本与收益做出贡献。系统接合部位的改善可以包含用于实现解决方案的复杂的城市设计和交通工程，因为系统接合部位对于在公共交通设施上实现良好的乘客量而言是非常关键的。真实的或者甚至是感觉上的延误和不便，例如缺乏人行道和停车设施、标志不足、危险的人行道、不安全感以及恶劣的外观，都会导致潜在的公共交通乘客去选择他们的私人小汽车。这些问题中许多都不仅限于公共交通车站附近的环境，因此公共交通机构对于解决问题显得力所不及。

行人和其他系统连接是由私营部门来建造的。人行天桥、隧道、公交车站和候车亭、停车换乘和接送换乘的位置是通过利用购物中心的过剩停车位的私人协议而提供的。有关私营部门对公开实施项目捐助的规定是该机制首要的法律和行政问题。在做出服务贡献的地方，可能没有正式协议的需求，除非捐助是视某些需要或公共交通机构一方的行为而定的。

连接设备的费用可能是由私人方面付给公共交通机构，以将他们的开发与车站相连。这些费用通常是超过了开发商在建设连接设施时所担负的成本。连接设备的费用必须足够涵盖物理连接的建设成本加上反映地产所有者或企业获得的一部分收益的额外数额。可能这部分数额不能成为主要的收入来源，但它是对车站建设基本费用的补充。

效益评估费用

在地区业主的积极支持下，地方政府可以建立一个征税区，以资助一部分公共交通建设或其他的改善或服务。这些征税区将对区内地产的费用进行评估，从而为该区内特定的改善支付全部或一部分费用。征税区的边界被界定为包含所有受益于公共交通改善的地产。这项技术的目的在于均衡地评估那些因征税区内公共交通改善而与正在实现的利益价值相适应的水平上获得特别收益的部门。征税区在所有私营部门机制中是收入潜力最大的之一。它们提供了大量的年收入，可用于抵押资本项目或资本运营的融资债务。征税区的运用也是为公共交通改善融资的一种平稳方式。

无能力进行这类支付的地区通常并不被包含在征税区内。有关某区用于一种活动而不是另一种的问题可能会出现。如果要选择这一机制的话，那么建立或不建立征税区的基础应当在进程的早期就得以阐明。举几个例子来说，迈阿密、丹佛、麦迪逊（Madison）、西雅图和洛杉矶都采用了建立征税区的方法。

税收增额融资制度

资助公共项目建设的另一个方法是基于物业税收入的增加。区域通常创立于用公共项目来鼓励重建的衰败地区。在税收增额融资地区，首先确定基准年的物业价值。超过该基准值的物业价值提升部分所征收到的税款将致力于所需要进行的改善。该机制提供了一个专用的税收收入来源，而不再征业主的额外税项。在这些区域所募集到的资金将花费在该区域的改善上。

具有竞争力的服务契约

从具有竞争力的服务契约所获得的收入可以表现为成本节约，也可通过多年的固定费用契约表现为成本稳定的形式。所节省的资金数目取决于契约签订的服务数量和私人提供的服务与公共提供的服务之间的相对成本。有关成本节约的研究显示出不同的结果，但都表明私营部门的参与相当一致地带来了明显的成本节约。其节省幅度在 10%～60% 不等，尽管在一些情况下，如圣安东尼奥（San

Antonio），没有出现任何节省。在大多数的公共交通地产开发中，通常都会发现 20%～30% 的实实在在的节约。

在服务契约中，公平性问题如果能在一个竞争性环境中得以处理的话通常不是一个问题。一些城市已创造了竞争性的环境，公共交通机构自身在正式契约的约定下争相提供服务，以与私人服务提供商竞争。契约的形成具有行政成本，要求有适当的谈判、管理、监督和评估服务的知识和技能。制定服务契约是大多数人都易于理解的一种提供服务的直接方法，尽管私人立约者如何以比公共供应商更低的成本提供服务，有时是一件令人好奇的事情。尽管私营公司并不能总是实现这样的节省，但在私人市场工作的强有力的动机有助于确保那些节省，并且可能为私人供应商能提供更廉价的服务的最大比例做出解释。在使用服务契约时，乘客量不会受到任何影响；事实上，有关服务质量的研究表明，在私人契约下的服务与公共契约下所提供的服务质量相当，或比公共服务更好。在纽约市，大约三分之一的在城市服务的公共汽车是由私人拥有和运营的。

承包的优势

该机制涉及私营部门的设计、施工、服务启动、维护和服务运营。它可包括公共交通中心的运营、安全通信、融资乃至营销。这通常称为私有化。建造如今是承包式项目的一个熟悉的用法，但系统的实际所有权与设计、开发和建造系统的私人实体之间的合同关系却是新事物。收入可能在很大程度上受到这类机制的影响，但还有很多未知因素，使结果难以估计。我们所体验到的收入增加和成本节约的程度将部分取决于公共部门能够利用私营机构参与的程度，这意味着需要竞争、管理和劳动力效率、收益动机和生产力。私人公司可以开发重轨系统。乘客量的刺激因素也可得以安排。该机制是来自私人公司的基于成本的提议还是基于绩效的合同可能会影响到所涉及的技术，甚至可能影响乘客量。

开发控制的使用能对私人开发收入产生巨大影响。在很多联合开发的案例中，轨道车站附近的区划限制与其他因素一样，影响到联合开发的成功与否。例如，在额外的密度规定方面给予开发奖励的地方，开发商能够比其他可能的情况下更高强度地开发地产。其交易可能是参与到公共交通和交通运输管理程序中，或提供旨在完善交通运输的一定程度的物质改善。通过提高特定区域的开发强度，公共交通系统能提供更好的服务和更高的乘客量。双方都能获利。私人开发商能够做得比现有区划和文契约束所允许的更多；公共交通机构则受益于利用率更高的设施的使用权。

以上案例都表明了公共交通机构为实现这些利益，在地产和土地的开发中都起到了非常积极的作用。要取得成功，机构必须与私人利益一起，主动并尽早地参与合作、公开与公平地参与合作。它必须确保设施能符合一定的质量标准，且仍能够使开发商获益。它必须详细说明运行的激励因素或抑制因素，以确保该系统能正常运行。

公共交通系统的溢价回收与惠益分享

简·霍华德（Jane Howard）
马萨诸塞州（Massachusetts）波士顿市
霍华德／斯坦哈德逊协会

惠益分享是与公共交通设施的建设、修复或运营有关的公共与私人成本和收益的分配。收益的类型从财政利益延伸到城市设计、城市规划、乘客量、系统观念等领域。其目标是让所有的参与者，公共的和私人的，以他们各自最合理的成本来实现最广泛的利益。这种可能性涵盖了所有类型的公共交通设施，包括从最小型的辅助客运系统、电话约车系统到大型的固定轨道系统；也包括从小型的公共汽车候车亭和广告板凳到像资助曼哈顿时代广场车站（Times Square Station in Manhattan）改造那样的数百万美元的办公楼开发。

本人在1984年为运输研究委员会（Transportation Research Board）所作的一项研究试图通过审查案例的研究方法判断美国各城市的公共交通机构为了促使私人部门投资公共交通项目正进行着哪些行动。纽约——纽约都市区交通运输管理局（MTA）与纽约的交通当局（Transit Authority in New York）——采用了区划激励、联合开发、系统接合部位的衔接以及自愿捐助等多种多样的方法来运用私人部门的资金资助42大街上的时代广场车站的全面重建，以及市中心的公共交通车站新站台的重大建设。在洛杉矶，南加州快速公交集团（Southern California Rapid Transit District，SCRTD）正在对他们所提议的地铁项目进行土地利用与交通规划相结合这一复杂进程的试验。波士顿的马萨诸塞州海湾运输局是一个成熟的公共交通系统，拥有多个项目成功实施联合开发的历史，但他们也在考虑重新使用一些未充分利用的地产，例如位于繁华的郊区开发区的陈旧发电站和大型停车场，他们正在修订其租约、特许权和广告结构以获取更多的收入。

在华盛顿特区，公共交通机构率先提出联合开发和系统接合部位的一些概念。我们考察了新卡罗尔顿（New Carrollton）站，在那里，地铁公司在对它所拥有地块上进行联合开发的规划中起了积极的作用。我们还考察了贝塞斯达地铁中心（Bethesda Metro Center），它是在城市所拥有的土地上采用其他方式来实现由城市参与的联合开发。对于波特兰班菲尔德轻轨线，我们重点关注车站地区和总体规划的过程以及一些在中心城区实施的资助轻轨专用设施建设的效益征税区。据报道，这些征税区被证明是非常成功的，其部分原因是该系统对于公众是如此有吸引力以至于所开发的社区都跃跃欲试想扩大该计划的范围。托莱多（Toledo）有一项创新性的中心城区巴士循环线项目，该项目表明通过良好的设计和对细节的仔细关注可以吸引开发商的支持，即使是对于公共汽车的支持。最后，我们的研究还考虑了密歇根州（Michigan）的一系列位于城际多式联运首末站的项目，涵盖了包括像弗林特（Flint）这样的大城市到像多沃贾克（Dowagiac）这样的小城市。这些项目试图通过出租其附属空间、办公空间和特许空间来资助公共交通中心的运营，在很大程度上，项目取得了巨大成功。

影响惠益分享的其他因素

这些案例表明公共交通系统的类型和规模可以决定惠益分享的规模和可采用的策略。但是其他的影响因素同样也是重要的。就规模和预期投资而言，开发或投资的类型是影响因素之一。你不能指望在小城市邻里社区的公共汽车站进行像时代广场那样规模的私人投资。同样，在开发过程中参与者——公共机构、私人机构、开发商——的目标将会随着车站、导轨或公共交通设施的区位而发生变化，还会随着邻里社区（郊区住区、社区商业、城市住区或中心城区）的特点而发生变化。

可实施开发的时机以及开发地点与车站间的距离等市场条件对确定如何与私人部门进行协商而言也是非常重要的。距离会影响效益评估和固定财政支出的程度。最后，系统建设或运营的分期是协商中的关键。

也许这项研究最令人惊讶的结果是，惠益分享策略在公共交通规划和运营过程中的每一个阶段都是可以成功的。这些策略包括初始的系统规划、公共交通廊道的区位、车站区位、站址选择与设施设计。在建造过程中，通过协调施工进度可以实现成本节约。当然，这种获益通常预期出现在设施运营阶段。一旦设施变得陈旧，可以通过协商来修复旧有设施。最后，处理掉废弃的设施会同时给公共交通机构、公共部门和所开发的社区带来效益。

我们发现，那些成功协调土地利用与公共交通规划，并与私人部门有效合作的机构，都将"惠益分享"的思想纳入到他们正在进行的规划和实施进程中。成功的公共交通机构是那些通过关注土地利用和开发带来的更广泛的影响，并为抓住机遇而在执行服务指令的同时采取额外的必要措施或承担额外的必要风险，愿意秉持超越传统的公共交通供给职能的观点的机构。这就需要在公共交通地产机构、地方规划和发展机构、民选官员和私人部门的关键执行者之间有一个持续的合作进程。

对于惠益分享过程的思考

惠益分享在规划和设计过程的各个阶段可以有不同的定义；并且随着规划过程的推进，必须要持续而灵活地牢记惠益分享。但首先，公共交通机构必须决定是否要在他们的规划和设计中包含与开发相关的考虑因素并作为准则，或者是否采用许多公共交通机构的做法，寻找最低的成本和最便捷的路权，而随后再考虑开发的进程。

一旦决定采用相互关联的进程，公共交通机构就必须要建立起处理土地利用问题的专业能力。一些较大型的机构（南加州快速公交集团、华盛顿都会区运输局）都已建立起庞大的土地利用与发展规划部门。在较小的机构中，例如在托莱多，由规划师来承担这一角色。其他机构则有效地使用顾问。这并不必是一个重大的组织决策或需要高昂的成本,但不管建立何种能力,都需要资金的投入。在洛杉矶,这就意味着当地的都市公共交通管理局来投入资金。

随着规划的进展,另一个需要考虑的因素就是获得可靠的"前后对比"的数据,而惠益的计算正是基于这样的数据。这是一个有时会被忽视的方面。最后,公共交通规划师必须在那些因其对公共交通建设做出贡献而授予开发商的密度奖励或其他因素之间进行长期交易的评估。在采用激励性区划措施以及类似策略的地区,亦是这样做的。纽约现正尝试着处理这些问题。纽约的一些区划奖励将很大一片数平方英尺的额外场地授权给开发商,以作为对开发商建设例如一部自动扶梯的回报。目前纽约城市规划委员会(New York City Planning Commission)已开始质疑,建设一部自动扶梯或者其他的贡献是否可与由额外密度所带来的影响视为平等的交易。

所有这一切是如何与公共交通规划的进程完美契合的呢?传统都市公共交通管理局的公共交通系统规划过程包括了系统规划阶段、替代性分析阶段、起草环境影响调查准备阶段、初步工程建设阶段以及最终的项目设计、建设和运营阶段。按照惯例,可能出现的情况是,对于联合开发机遇或土地利用相互影响的考虑往往是偶然发生的。有时候,规划机构的审查可能会判断某建筑应当位于一个特定的地块中,或判断到了初步工程建设阶段某开发商可能表达出其有兴趣建设一个与车站连接的通道。公共交通机构通常会选择拒绝,因为要到达这一步实在是太久远了。这样就错失了机遇。但是在理想的进程中,步骤是协调一致的,公共交通系统总体规划的步骤与土地利用规划与开发的合理步骤是相一致的。

在系统规划阶段,土地利用机构关注于区域规划的发展,发展走廊和次中心商务区域等的决策。开发商则进行着他们自己对于社区发展以及哪里可以获得办公空间的区域市场分析。

在替代性分析/起草环境影响调查准备阶段,需要制定廊道层面的总体规划。波特兰和洛杉矶在这方面做得非常成功,廊道被赋予各种土地利用的角色,如增长廊道、中期增长廊道等等。土地利用的特征与公共交通规划一起,是以廊道为基础来考虑的。仅有这样才能全面而有效地考虑基本的土地利用控制策略和财政策略。

莱斯中心于该阶段在丹佛为一个拟建的轻轨线路做了些有效的工作，他们关注各类车站的不同廊道和所适合的财政策略。他们总结出，在某些城市中心区的高密度车站，可能会采用一些目标更宏大的财政策略。而在一些低密度、居住地区的车站，主要的财政策略仅限于车站内部的特许权或打广告。在该阶段，开发商会关注其他站点以及土地混合利用的概念规划。因此，必须制定基本的土地利用管理决定——是采用激励性区划，或是开发权转移等等——并且财政策略必须针对廊道的具体区位。

在初步工程建设阶段，此时公共交通机构要最终确定例如楼梯和出入口位置的细节，土地利用机构则同时对车站地区进行研究并制定总体规划。仍以波特兰和洛杉矶为例，这一过程执行得非常高效。每个车站规划在有关开发的土地利用、密度和设计导则方面得到细化，这样土地利用的控制就能切实得以实施。类似地，可以得知与车站不同距离处的预计收益有关的明确信息，这样在随后需实施的征税区，其征税方法就能得以确定。就私人部门而言，公共交通影响区域内的开发商通常在这一时段亦须敲定其开发计划，寻求客户，试图做出投资和财政决策，以及准备初步的场地规划。

在最终的系统设计阶段，城市机构要进行设计审查并与开发商和公共交通机构在"本质"上达成一致。开发商积极地参与到此进程中，对税收和租约等进行协商。城市土地学会（Urban Land Institute）已经强调了公共交通机构拥有一个能以专业的方式与私人部门来处理问题从而建立信任的领导者的重要性。

在建设过程中如能协调好公共和私人的因素，则可以节约时间和成本。并且正是在建设的过程中，财政技术得以应用，征税区开始生效。这里存在一个不可避免的信用缺口，特别是对于新系统而言，该缺口将会一直持续到建设进行到私人部门确信该系统会得以建成为止。波士顿西南部廊道的规划阶段长达 15 年，在该廊道上，有许多构思巧妙的发展规划，但仅仅到了最后一年左右，系统差不多完成了四分之三，车站冒出地面时，城市机构才开始向开发商正式发售他们地块的成套设施。

最后，一旦系统建成并投入运营，公共交通与开发项目的影响应当得到监控，以确保对地块价值等因素产生了积极的影响。如果有必要可以对效益区的边界和费用进行修正。这在丹佛公共交通商业街（Denver Transit Mall）的案例中得以体现；在初期运营后，实际的效益水平变得清晰化，于是对征税区的边界进行了相应调整。在运营过程中，开发商也针对地产管理、寻求承租人和改变租赁费率等方面进行着同类型的"微调"。

惠益分享是一个持续的过程。有这样一种观念，即惠益分享的方法是固定的，选择也是有限的。但是事实并非如此。有些方法在规划与设计过程中的某一时刻看起来是合适的，但在此之后可能就显得不那么合适了。出于这个原因，公共交通机构就需要员工拥有持续不断地处理惠益分享的能力。

托莱多

托莱多案例展现了一个小型的公共交通机构是如何在有着重大意义的私人部门参与的前提下，以适合社会的模式实施一个非常高质量的项目。该项目是 1976 年开始的中心城区振兴规划中的一部分。托莱多区域公共交通机构（TARTA），将其所有的公共汽车服务路线进行重新组织到一个 1.1 英里的中心城区公交环线中，该环线拥有五个与相邻建筑实现了一体化的车站。然而，在托莱多区域公共交通机构在 1976 年开始实施该计划时，一个中心城区的公共交通商业街正在规划中。当一位新任总经理来审查托莱多的公共交通商业街和规划方案时，他看出在公共交通商业街附近的任何地方，都不可能实施新的开发。事实上，该开发的重点位于中心城区的边缘；商业街与实际的开发规划几乎没什么关系。该经理开始与城市政府及其主要下属部门，如欧文斯—伊利诺伊州（Owens-Illinois）政府、托莱多信托基金会（Toledo Trust）、托莱多爱迪生公司（Toledo Edison），进行了研讨，以重新审视该规划并确定公共交通机构更合理地服务于新开发的可能性。他将环线规划与 1979 年的城市政策与住房发展咨询委员会（Urban Initiatives）的拨款相结合，而事实证明，这正是那个时代出现的众多惠益分享的推动力所在。

公共交通机构将路线围绕中心城区设置成环状，通过五个车站来服务所有的公共汽车线路,而不是让公共汽车线路行驶在商业街上。车票的制定建立在"进环付费、出环付费"的机制上,这样一来任何在中心城区上下车的人完全不需要付费。事实上,中心城区的公共汽车线路提供了环绕中心城区的免费交通服务。

托莱多区域公共交通机构以大约2.5万美元的价格从城市政府部门购买了希捷车站(Seagate Station)的土地。城市政府部门已预计到未来在该地块上的发展,因此在车站上部预留了空中的地役权,因此首先建造了车站,后期再建造大楼。车站通过一个封闭的人行大厅与该大楼直接连通,这是该规划的一大卖点要素。与波特兰相同的是,熟悉城市规模和形式的本地建筑师被聘请来为车站做设计。该大厅由托莱多区域公共交通机构出资购买,但由城市政府以成本价进行建设;欧文斯—伊利诺伊州政府出资购买了20%的本地股份,并且现在承担着维护大厅和自动扶梯的职责。城市政府部门则对安全负责。

海滨公园站(Promenade Station)则直接与托莱多信托大厦连通,并且是建设在城市政府部门通过关闭街道而取得的路权之上。在现状的托莱多爱迪生公司基础之上增加了步行大厅,这同样采用了资金与运营费用的共享的方式。

佩里车站(Perry Station)与城市政府部门停车场的街道层结合在一起。它最终将与城市新会议中心连接起来。在这个案例中,车站的建设一直延迟到停车库开始建设后才得以进行,这样做的目的是使建设合约能得以协调。

派克街车站(Park Street Station)以每年1美元的租金从城市政府部门获租。由于它并没有与任何的开发项目相连接,所以并没有从私人部门维修队伍的监督中获益。这是仅有的一座拥有闲荡人群等典型问题的车站。

最后,市政府车站(Government Station)同样也和一个停车场连通。再次提及,公共交通管理局以每年约1美元的价格出租土地。该案例独一无二的是公共交通机构在修订其规划以适应发展规划中发挥了领导作用。该机构的总经理在向私人部门营销该规划中起到了关键的作用。他利用早餐和其他事件发生的时间与商会(Chamber of Commerce）和其他团体会晤，并为获得项目所需要的广泛支持执行了市场营销和公共关系一类的事务。

总结

在确定导致惠益分享成功实施的因素中，最重要的是公共交通机构愿意超越其传统职能。第一步应该是在机构内部对于惠益分享的机遇进行系统性评估。应当建立适合于机构规模的一些持续性的结构。惠益分享的理念应当贯穿于公共交通运营的整个过程。私人部门应当以一种有条理的方式参与其中。他们的时间安排和要求应当都是有效的，并且不应该以惩罚性的方式或剥削的态度来对待开发商。类似地，公共机构应当在时间安排、资金和会晤协商的最后期限方面维持公信力，因为时间是使私人部门感到成本最大的一个因素。在什么才是适合的以及每一个设计细节方面，必须对市场分析给予细致的关注。建设时序、建设协调和维护是极为重要的。成功案例中，法律协定是被用来加快，而不是延迟其实施进程的。在托莱多的案例中，由于存在紧迫的最后期限，很多协议都是通过合作信件的方式来达成，以加快进度。法律合同的细节问题是后期才进行商定的。

最后，在确定公共交通机构的项目成本和待实现的效益问题上，需要既现实又灵活的态度。公共交通机构的实际财政回报是变化的。这些回报并不总是立竿见影的，效益也不总是财政上的。尤其是，私人开发商似乎更倾向于对系统的提升给予资助，他们将此视作对他们的直接附加利益，而不是倾向于由销售税收或其他机制来完成更好的系统性运营改善。我们通过研究这些案例所得到的基本结论就是惠益分享，毫无疑问惠益分享是值得追求的，但这并不能作为对公共投资的替代。在大多数案例中，都不可能一开始就得到私人部门的承诺，尽管有时候也会出现一些承诺。我们的结论是都市公共交通管理局和联邦政策应当以更恰当的方式面向奖励那些尝试惠益分享方式的机构而不是惩罚那些不能将事物纳入到主观而固定的规则的人。

公共交通车站的联合开发

金·库什曼（King Cushman）
华盛顿州塔科马市
皮尔斯（Pierce）公共交通系统
发展和社区事务部主任

本文着重讨论的是当下在美国一些公共交通系统中发生的一系列活动，它包括位于公共交通中心和公共交通车站或其周边地区进行的公私财政联合参与的开发。显然这些案例并非包罗万象，然而这类开发中最有影响力的通常是与主要的铁路或地铁交通系统有关。但为了表明还有其他有时会被忽略的更适度的机遇，文中还提到了诸如皮尔斯公共交通系统（Pierce Transit）和一些西海岸轻轨系统这样的中等规模公共交通系统的案例。

私人部门通过在公共交通车站附近实施直接或间接的开发活动所表现出的在某种程度上对财政参与的兴趣，是因为成功的公共交通车站每天要集散成千上万的人，它们的运行就像高速公路枢纽那样。大量的客流和交通流意味着经济机遇，并且我们已经看到渴望在位于繁忙的高速公路枢纽附近拥有良好可达性地区实施开发的例子不胜枚举。然而，对于在车站地区进行联合开发的巨大期望还需谨慎。成功开发既非理所当然也不会自动发生。人们必须理解和尊重市场和经济发展的条件，并且仔细地将公共交通车站的开发和经济与土地利用的现状进行协调。对于一个既定车站或者公共交通中心而言，公共交通系统的线路乘客量必须足够可观，才能吸引私人部门的开发兴趣。那么怎样才可以称得上"可观"呢？目前并没有文献对这样的标准给出建议或进行制定，但似乎那些从私人部门收到巨大财政利益的公共交通系统显示出其日公共交通乘客量已接近或超过一条运营状况良好的州际高速公路的等效交通量。这可能表明要吸引那些认为在公共交通车站及周边地区投资会有收益的私人商业部门的最低门槛为一个能实现轨道交通日乘客量大于10万人的公共交通系统。

本文的讨论以与公共汽车交通中心和轻轨车站有关的适度财政活动的案例开始，包括与四个重轨或地铁交通系统有关的一些令人印象深刻的投资或财政活动案例。讨论的最后是对联合开发方法的一些意见和建议的总结。这些建议来自于那些经验丰富的公共交通和社区发展机构的工作人员，他们表达了"积极事件可以与创造性的联合开发同时发生"的观点（另一些人则在进程中发现了一些"消极"事件），还有一些人员为准备这份报告，慷慨地与我分享了他们的经历。

华盛顿皮尔斯县（Pierce County）——公共交通中心

皮尔斯公共交通系统是运营于20世纪50年代后期典型的郊区蔓延背景下的一个中等规模的公共汽车系统。皮尔斯县仅有一个高密度的活动中心来支撑公共交通客流量，那就是位于西雅图以南约35英里处的塔科马中央商务区。虽然皮尔斯县的城市总用地面积为1675平方英里，但其中较小的约275平方英里的皮尔斯县公共交通服务区却涵盖了大约43.5万人口，该区域包括了该县几乎90%的人口和大多数的建成区域。为给这种分散和无重点的郊区蔓延发展模式提供有效的公共交通服务，皮尔斯公共交通部门于1980年通过了一项计划，致力于发展由贯穿整个城市地区的六个公共交通中心构成的综合网络。这六个公共交通中心中的五个目前已开始运营，它们与区域购物中心、社区学院、商业中心等紧密结合在一起。三个公共交通中心已经完全建成并运营了数年。另两个则在临时的场地处于临时运营状态，还没有完全建成的供乘客使用的设施，但最终的场地已在规划中。第六个公共交通中心也预计于1989年投入使用。

通过仿效很多加拿大城市的类似设施，公共交通中心为皮尔斯县的郊区分散发展执行着一项有价值的功能。这种经营理念包含了一种"定时换乘"的运营模式，每小时一次或两次在公共交通中心将许多线路的公共汽车聚集到一起，并使它们在一个或多个路外乘降区停留几分钟，以供乘客在公共汽车之间实现方便的换乘。这种类型的服务配置为乘客提供了可靠而无障碍的换乘，它以相对较低的公共交通服务水平（30～60分钟的频率）将很多起讫点串联起来，但这却是一个与低密度郊区发展形势相适应的水平。

通过细致的规划与协商，皮尔斯公共交通系统已获得了一定的联合开发成就。三个业已完成的皮尔斯公共交通中心中每一个的开发都需要1～3英亩土地，这些土地以每年仅1美元的价格获得20～30年的租期。这些公共交通中心的建设成本由都市公共交通管理局的资本援助基金来承担，该局认为较长租赁期（至少十年到二十九年，取决于项目的性质和成本）能够满足"持续控制"的需要。1988年将有一个新的公共交通中心在大约一英亩的土地上开始建设，它同样也是以每年1美元的租金获得30年的租期。

这四个公共交通中心中的两个是在区域购物中心的私有地产上开发的，每一个都要求购物中心的业主放弃110～130个停车位以确保公共交通中心的开发。另外两个公共交通中心则是建设在公有土地上，一个位于与社区学院相关联的州政府的公有地产上，另一个则位于毗邻一所私立大学和一个居住区商业中心的一所本地校区的剩余地产上。在长期的租约下获取这些实质上是"捐助"的土地来建设公共交通中心可以说是一个重大成就；若换作简单的付费购买以获得这些土地，则每块用地需要25万～50多万美元的费用。

获得这些公共交通中心联合开发土地出让的关键是对于互惠互利的要素以及对公共交通系统与业主的利益的识别方面要有极大的耐心。第一个区域购物中心项目要求公共交通中心在沿着购物中心车道边的人行道处保持近三年的临时运营。一旦能够证实乘坐这六条线路进入购物中心的每日8000人中，有接近1500人停留并购物，那么作为最小化停车空间开发的同时增加购物中心的光顾率的方法，建设一个永久性的公共交通中心的价值对于土地拥有者来说，就显得非常清晰了。在建立了需求和利益后，实质性的租约谈判，至少与私人业主之间的谈判，就变得相当快了。

最长也是最艰苦的租约谈判是在皮尔斯公共交通管理局和华盛顿州

政府之间有关社区学院地产上的公对公的租约。这里面牵涉到州律政司办事处（State Attorney General's Office），在他们看来，创新性的联合开发理念，尤其是有关每年租金 1 美元这方面，显得尤其不寻常和值得怀疑；但经过六个多月的草案和讨论阶段，这项租约最终还是获得了成功。

波特兰和圣迭戈——轻轨车站

波特兰和圣迭戈轻轨交通系统的乘客量一直很充足，甚至比原先预期的更好，在 1987 年每日乘客数分别超过 2 万和 2.3 万人。这两个轻轨系统都没有随着更高容量的地铁交通系统的运营而在车站地区出现任何程度的经济和联合开发活动，但是这里面确实有一些利益。两个系统中较新的波特兰市的 Tri-Met 公共交通系统，审核了一个开发上空使用权的提案，该提案旨在在 Tri-Met 线路的一个主要车站上方布局波特兰基督教青年会（YCMA）设施。不幸的是，由于开发商的其他财政问题，而不是对车站开发的概念缺乏兴趣，该提案被搁置了。鉴于波特兰对于增长管理理念的坚定信念和由州政府正式授权的都市区土地利用控制，从长远来看，相比于其他通常缺乏都市区土地利用规划控制的大都市地区轻轨交通系统而言，波特兰市对于车站地区的联合开发可能产生更多的关注和兴趣。

值得赞扬的是，圣迭戈都市区公共交通发展理事会以快速、有效而简朴的方式发展了它的轻轨系统，在建设车站时获取非常少量的土地或者将车站安排在那些对系统的直接可达性和运营并非绝对必要的沿线路权内。虽然对于系统快速开发的成本最小化而言，圣迭戈都市区公共交通发展理事会的确做得不错，但现在他们却发现在远离市中心的车站，在私人部门感兴趣的有利可图的房地产方面几乎没什么议价空间了。他们想要将车站地区的联合开发市场化，并且在中心城区开始看到更大的利益。圣迭戈都市区公共交通发展理事会于最近建议对圣迭戈中心城区的北部一个中型有轨电车系统的扩展进行精细化的调整。在此过程中，他们正在和一个重要的混合用途建筑项目（约 80 万平方英尺）的开发商进行交易，该建筑项目可能包括办公、零售、酒店及政府用途，并且作为项目的一部分，将使圣迭戈都市区交通发展理事会获得一个重要的车站。随着公众对圣迭戈有轨电车系统的使用率和认同度的增长，当一个更广泛的北线延伸方案形成时，将会有更多的机会在新车站实施联合开发。圣迭戈轻轨系统最初在毗邻车站的地区开发了最低限度的停车换乘场所，这样就不可能在未来获得有潜在意义的出让（参与）收益。

洛杉矶——轨道交通车站的开发

南加州快速公交集团正在开发它未来的地铁交通系统，其先期发展的重点在洛杉矶中心城区。洛杉矶市社区重建机构（Community Redevelopment Agency，CRA）拥有进行土地开发交易的专业技能并且对于与私人土地所有者商定南加州快速公交集团的车站开发协议的细节问题方面负有领导责任。通过洛杉矶市社区重建机构与国内储蓄银行（Home Savings Bank）关于在洛杉矶中央商务区地铁交通沿线的一个重要地块建设国内储蓄银行塔楼的事件中达成协议的谈判，可以说在这一领域取得了重大进展。协议为国内储蓄银行利用其地产下方的三层地下室作为地铁车站入口的开发支付费用并使地下室区域可满足地铁系统的分期建设奠定了基础，而这对于洛杉矶拥挤的地下空间而言是一个非常有价值的因素。这项私营部门参与实现洛杉矶地铁交通系统的发展的交易价值大约在2500万美元左右。

旧金山——湾区快速公交系统车站的开发

旧金山湾区快速公交集团对与车站及其周边地区的经济活动有关的财政机遇卓有远见，因此在1983～1984年是创立了一个联合开发部门（Joint Development Division）来负责寻求联合开发以及类似的创新性财政选择。该部门在旧金山铁路运输通道上发现了大体上与其经济发展步伐相一致的私营市场的利益。由于湾区快速公交系统始终保持拥有接近每日20万的乘客量，这明显满足了吸引私人部门开发的容量。一个旧金山中心城区的开发商一次性付给了湾区快速公交系统约30万美元的费用，以获许在市场街的"388市场"高层开发项目中建设直接通往地铁车站的通道。在普莱曾特希尔市（Pleasant Hill），有许多英亩土地正被用作停车换乘场地，他们正在探索与大型商业开发（100～200万平方英尺）相结合的土地联合使用提议，甚至考虑在此类开发中获得平等地位。在康科德车站（Concord Station），湾区快速公交系统正在考虑提议建设一个 250～300 间房间的宾馆，它将涉及长期租赁外加参与的权利。该提议将会激发包括停车换乘场地产权在内的基本地面租金问题，并且与其他的湾区快速公交系统租约相一致，它将为湾区快速公交系统提供来自商业项目收益的一定比例的毛收入。

亚特兰大——亚特兰大大都市区快速公共交通管理局（MARTA）的车站开发

正如旧金山湾区快速公交系统一样，亚特兰大大都市区快速公共交通管理局的亚特兰大快速轨道交通系统也拥有成功的公共客运量记录——日轨道客运量约 18 万人次。在过去几年中，亚特兰大大都市区快速公共交通管理局也实践了不少在车站地区的联合开发活动，虽然这些活动并不总被认为有最理想的品质或平衡。在 1979 年亚特兰大大都市区快速轨道交通系统开始运营之前，亚特兰大区域委员会（Atlanta Regional Commission，ARC）进行了一系列公共交通车站地区的发展研究，这些研究引起了很多区划方面的变化，甚至对于一些交通系统的线路走向和车站位置也做出了调整。亚特兰大区域委员会是一个以七个县为范围的，由州创立的都市区规划组织，其在亚特兰大地区的区域土地利用规划史可以追溯到 20 世纪 40 年代。在 20 世纪 80 年代早期，自亚特兰大大都市区快速公共交通管理局的轨道交通系统开始运营后（亚特兰大大都市区快速公共交通管理局仅包括都市区内的两个县），亚特兰大区域委员会就发起了一个重要的发展审查程序，以试图帮助平衡和协调因重大区域发展而引发的地方性基础设施（供水、道路、下水道和学校）建设方面日益增长的压力。亚特兰大大都市区快速轨道交通管理局的 30 个车站中，20 个位于亚特兰大市内，为实现在亚特兰大轨道交通车站周边的更高密度开发的重新区划的激励因素，与特殊公众利益区划一起，得以实施。

如今，公司都想要位于与公共交通系统直接相连的出入口附近，于是亚特兰大大都市区快速公共交通管理局在其一大批车站周边已获得大量的商业办公空间，包括在两个车站的上空建设几座 50 层的大楼。举个例子来说，佐治亚太平洋公司（Georgia Pacific）将其公司总部建设在一个亚特兰大大都市区快速轨道交通车站上部,美国国际商用机器公司(IBM)将它的区域总部的高层建筑(100万平方英尺)设在亚特兰大大都市区快速轨道交通车站上部空间,还有另外一些主要的公用事业公司对于与亚特兰大大都市区快速轨道交通车站的地产进行联合开发也十分感兴趣。很多此类开发并没有出现在轨道线路最初开始运营的时候,因为开发的承诺似乎通常要在车站建设完成后的约3~5年才能显效。私人投资在做出重大财政行为之前,通常需要见到一些成功的典范,而这并不令人感到意外。

一些联合开发的活动已经开始为亚特兰大大都市区快速公共交通管理局带来可观的收入。据估计,1987年的出让收入大约在70万美元上下,到1988年该收入可能增长到约90万美元。乐观地预计,来自联合开发的长期出让收入预测将超过每年1000万元。亚特兰大大都市区快速公共交通管理局唯一的不足之处是它未能实现一些起初在许多车站周边规划的更广泛的混合用途和住宅项目的发展,否则该局将会获得更多积极的成效。一些车站地区的规划理所当然地认为其他诸如图书馆和社区中心的公共性改善正在进行中,而这些改善将会支持更多混合用途和私人开发的住宅活动。然而由于20世纪70年代中期的普遍经济衰退(在亚特兰大大都市区快速公共交通管理局建设期间)抑制了相关的私人开发,以及不断变化与更加保守的联邦拨款思想使其他潜在的财政来源濒临枯竭,大部分规划并没有实现。

随着新的、更高密度的商业开发得以建设,亚特兰大大都市区快速公共交通管理局和亚特兰大市正失去一些旧公寓的房屋供应,因此他们都抱有在车站周边开发更多住宅项目的目标。总的来说,一个业已确立的亚特兰大区域规划框架会同一个可预见且确凿的公共交通规划一起,给了地方政府一个实现其所期望的土地利用控制的更佳机遇,同时也为亚特兰大大都市区快速公共交通管理局提供了一个与管理增长和发展有关的收入的积极来源。

华盛顿特区——华盛顿都会区运输局(WMATA)/地铁车站

对于相对较新的美国铁路或地铁公共交通系统而言,华盛顿都会区运输局在联合开发的实践和客流量建设方面显然处于领先地位。华盛顿都会区运输局,又称作"地铁集团",拥有每日超过 46 万的轨道系统乘客量,并且在 1987 年 7 月达到约 49 万乘客的客运量峰值。持续增长的公共交通客运量为华盛顿都会区运输局创造了有益的经济形势,使开发商将地铁集团的公共交通车站视作他们商业项目的重要"卖点"。华盛顿都会区运输局预计在联合开发设施的建设方面将收到 1400 万美元的资金支持,这些设施包括公共汽车与轨道交通的换乘场地、停车换乘场所、升降电梯、自动扶梯、为车站调节空气的制冷机等等。与湾区快速公交系统一样,根据允许建设直接连通建筑与地铁车站的地下通道的协议,开发商已向地铁集团支付费用。到 1986 年为止,这项收入已达 120 万美元,并且预计当下的连接通道建设活动将给 1988 财政年度带来额外的 77.5 万美元收入。这些都是与开发或连接协议相关的一次性资金支出的类型。对地铁集团而言,更多的长期财政收益则来自于每年的租金和参与协议。尽管华盛顿都会区运输局的政策并不允许在地铁集团的运营设施内部进行商业活动,但他们确实允许在运营区域范围以外的广义地铁集团的地产上从事商业活动。地铁集团 1988 财政年度的公司年租金收益预计将达到 360 万美元。

此外,地铁集团与开发商之间有关地铁使用并且(或者)连接他们地产的"参与"协议为与商业收入有关的一定比例的利润奠定了基础。问题是这些早期的协议并没有带来什么收入,因为它们被限定在一定比例的净收入上,而所谓的"净"在去掉成本之后似乎根本就没有实现过。如今,地铁集团已经将规则改为在大型项目(通常为大于 10 万平方英尺的建筑)上追求 5%~8.5% 左右的总收入,但即使那样,这种收入分配条款仅在商业企业或开发达到商定的足以识别实现成功开发所需时间的现金流水平之后才能生效。对于规模相对较小的项目(那些可能产生 1.5~2 万美元范围内的租金收入),联合开发参与协议目前仅要求每年约 4.5% 的收入机械增长。虽然联合开发协议的最低租金方面进展顺利,但那些"参与的要素"总是令地铁集团感到失望。可以感觉到最近在新协议方面的变化将会扭转未来几年的趋势。从长期来看,华盛顿都会区运输局期望通过它的联合开发协议获得每年 800~1000 万美元的收入。具有讽刺意味的是，对于地铁集团而言，获得这些创新性的公共交通与土地联合开发协议的最大挑战是获得来自于地方政府为必要批复所进行的合作。

忠告与建议

从全国各地联合开发实践中所了解到的各种各样的方法和活动中，我们可以找到一些共性的建议性思路：

(1) 切勿低估获得土地征购的要求。为了在联合开发中获得未来的交易地位，人们必须首先拥有地产基础。相比于发现你已经没有空间来进行系统/车站扩张或对于空间使用权/连接通道开发没有可讨价还价的余地而言，晚些时候再出售剩余土地（如果需要的话）要来的容易得多。鉴于当代城市发展的分散模式和劳动力成本很高的接驳服务，建议在郊区获得足够的停车换乘场地的土地所有权并且在确有需求的阶段开发这些土地。

(2) 如果有选择的话，试图与最初的公共交通线路或车站建设进行合作开发。若是在系统或车站开发的初始阶段就着手建设与建筑或毗邻开发相连的通道，这样做要便宜得多，而且对于系统运营来说干扰度也要小得多。

(3) 采用具有灵活性、适应性的设计和建造方式，以顾及未来的修建和连接通道的建设。扩展公共交通规划的概念，并预测适应未来发展的通道建设需求，如此一来，当新车站或连接通道建设时就能实现其对系统运营的干扰最小化。

(4) 将集体的"公共行动"聚合到一起来进行联合开发的协商。当审视区域公共交通系统的联合开发利益时，通常会有不同的公共交通以及其他地方或区域的涉及利害关系的司法管辖权问题。有必要在与私营部门利益进行协商之前组织好各方的关系。每一方都需要确定它真正需要的是什么；也就是说，公共交通机构应当为公共交通系统设定目标和优先权，而一般的政府或土地利用控制机构应当为所期望开发的性质确定目标——在每个独立车站地区的小范围的交通流线/交通接入点等等。然后就需要有公共机构之间的

"信任"以及让一方来洽谈交易的协议。公众"委员会"与私人部门利益的谈判是弊大于利的,并且将会将事情拖到"无法协商"的地步。实际的谈判必须注重有助于相互进步的自身利益,公共利益和私人利益获得"双赢"才是成功。

（5）在联合开发时,对于每个车站应分开考虑。尽管对于公共交通系统本身而言需要有标准和通用的设计组成部分,然而对于开发来说并非如此。一些车站地区可能需要实施邻里层面的"保护"途径而其他车站地区可能要确保多样化的发展途径（例如,纯粹的商业办公、零售、高密度居住、混合用途、市民机构、教育机构、卫生保健机构、郊区停车场等等）。要营销好这些车站和联合开发的方法,人们必须认清在既定的提议开发的车站周边影响范围内各个局部地区的需求与目标。

（6）除与开发商建立直接出租或出让收益的关系外,寻求参与权的总收入而不是净收入的百分比。除非人们想要在试图复制国税局（Internal Revenue Service）的审核中变得迷茫和沮丧,否则就应在大规模开发中寻求一定比例的基本总收入并且避免陷入因计算成本来避免产生利润的创造性手段而永远看不到净利润的泥潭。

（7）期待并接受一个质量上卓有成效的公共企业。联合开发活动的成功意味着公共交通系统的更大收益和对于运营和维护城市交通系统而言不可避免的税收补贴的补偿。我们应最大限度地利用公共交通系统以实现公共交通和土地利用的目标。应寻求地方与区域发展相协调的战略来管理增长和发展,以创造一个"公共交通友好"且支撑未来发展的环境。然后,确保系统的设计和运营能提供吸引人的、高质量的和卓有成效的服务。

美国阳光地带的公共交通、城市生活和发展

安东尼·詹姆斯·卡塔内塞（Anthony James Catanese）
佛罗里达州，盖恩斯维尔（Gainesville, Florida）
佛罗里达大学建筑学院院长

在考虑公共交通对于城市形态的影响方面，有三个至关重要的议题：公共交通对于发展的影响；公共交通是如何影响生活质量的；在实施方面有哪些可用的机制。在一个像得克萨斯州的奥斯汀这样的城市，对生活质量的影响在政治上可能是最重要的；但我们也需要理解公共交通对城市形态与发展的影响，以及如何汇集政治支持。

城市形态与发展

美国阳光地带的城市正展现出新的城市形态，不再仅仅是单一的中心城市，而是一个具有多个副中心的中心城市。在亚特兰大，中心城市涵盖了40%的开发量，其中主要是工作目的地，并且其数量在迅速下降。很快将会有四到五个主要的副中心达到与亚特兰大中心城同样的规模。其周边的道路已经彻底改变了该区域的城市形态。新的就业岗位位于城市副中心、办公园区以及中心城区以外的零售和混合用途的中心。这就意味着起初来自于英国的快速公交概念，以及围绕单一城市中心的集聚与分散的理念，就容纳由多核心城市形态所引发的多方向出行而言，并不能成为一个理由充分的概念。

第三部分　有关实施的议题

亚特兰大的伦诺克斯（Lenox）车站位于东南部最大的购物中心之一附近。
由亚特兰大大都市区快速公共交通管理局提供

　　交通流并不能创造城市形态，两者是互动的。或许通过规划，交通流可以影响城市形态，但在美国阳光地带的很多城市往往是先出现城市形态，而后交通随之发生。考虑到这种新的城市形态类型，我们在规划时必须要做的就是利用快速公交来引导其发展，或者至少有助于塑造城市形态。那并不是件容易的事，因为它要求公共交通和公路都须提前建设。加拿大长期以来一直在这样做，但使用公共交通来塑造城市形态并不是阳光地带城市的惯例。现在是阳光地带城市尝试应用这个基本规划原则的时候了。

　　亚特兰大试图利用其公共交通系统来塑造一个线性的城市，一个拥有强大的中心城区和位于城中、伦诺克斯广场（Lenox Square）、派里米特尔中心（Perimeter Center）以及机场地区的若干重要的副中心，以此来加强中央商务区的活力和重新创造发展的骨架。但该地区内也有若干郊区县并不属于亚特兰大都市区快速公共交通管理局管辖的部分，这些县仍然沿袭着典型的阳光地带的风格继续蔓延。不管那些郊区怎么发展，快速公交对其都没有产生影响。当开发商在这座城市里无法得到他们想要得到的，他们就会去科布县（Cobb

County）或格威内特县（Gwinnett County）。唯一能影响竞争的就是供水和污水处理设施，在亚特兰大的案例中，供水和污水处理设施相比于快速公交而言，显得重要得多。

迈阿密出现了重大失误。相对于试图塑造城市形态而言，它更多地关注于如何将现有的铁路路权利用起来。它那里的优先权是通过使用早已被铁路公司收集起来的路权来降低成本。因此，快速公交系统放错了位置，并且在我看来，这就是迈阿密的快速公交遭遇失败的主要原因。该系统并没有服务于老人、穷人和儿童的需求，而他们正是主要的服务市场所在。这种失败是非常重大的，因为它在联邦的层面上影响了整个国家的政策。里根政府（the Reagan Administration）将迈阿密案例作为解释为什么联邦政府不应介入快速公交的理由。

要影响地产开发，就必须要有足够规模的乘客量，至少每日10万人次。亚特兰大每日乘客量大约在18万人上下。在迈阿密，天气好的时候，日乘客量可以达到4.5～5万人左右。于是，在亚特兰大，公共交通可以影响地产开发，而在迈阿密则不行。因此，当我们在阳光地带尝试使用快速公交来塑造城市形态和形成发展时，我们必须现实地面对乘客量的数据。

快速公交对于美国这样一个小汽车主导的交通模式的国家而言，并不是一个权宜之计或是替代方法。对于城市增长模式而言，它也不是什么灵丹妙药。在亚特兰大，有人认为要使未来的交通状况不差于现在的，必须实施重大的公共交通建设计划。但是在亚特兰大，一个非常成功的系统仅承载了所有出行量的10%的乘客。相比之下，在多伦多，新的郊区中心发展的目标之一就是在出行方式划分中获得50%的份额。在阳光地带，相比于国外的城市而言，取得成功相对而言是有节制的；出行方式划分中，更可能是公共交通占到总出行量的十分之一。

生活质量

我强烈怀疑，在阳光地带的城市，公共交通是否真的是需要基于社会和经济条件进行长期政治决策的关乎生活质量的问题。对该问题的关注程度相比于将大量人口从一地运送到另一地而言要高得多。因此在很早的阶段，快速公交发展的进程就必须纳入政治进程中。公共交通的发展必须被看作是具有重要战略意义的问题。理由之一是如果一个不断增长的城市对于影响未来生活质量方面持认真对待的态度，那么公共交通的发展是该城市所拥有的最好机遇之一。政治家们和那些私营部门工作的人都必须相信，生活质量的问题不是为了今天，而是为了今后的20年。我们正在为我们的子孙后代制定生活质量的规划。即便你从明天开始在大多数的阳光地带城市动手规划，也需要10年才能使重要的快速公交得以发展。正是由于这是一个长期的承诺，因此难以获得政治上的支持。人们不习惯做远期计划，尤其是在那些没有长期规划和发展传统的地方。可以断定，政治家们通常只关注几年后的再次竞选，而不关注十年以后的选举。

公共交通的发展并不是没有社会成本的。在亚特兰大、迈阿密和其他地方，快速公交的发展对于社区产生了一些负面的影响。显然，车站的建设和与之相关的房地产开发都会对社区产生影响。多伦多展示了这样做的一种长期的且易被感受到的方式。在阳光地带的一些城市，我们并没有足够的时间和经验。在亚特兰大，住宅买断的现象一直在新的公交车站附近呈现。公共交通管理当局或开发商去到周边的社区中——那些舒适及条件良好的居住区——买断50～100个住宅，将它们拆毁，然后将该地区重新开发成商业、零售或者混合用途的地区。该进程在亚特兰大地区造成了难以应对的政治问题。它可能是一个好的规划，也是合乎逻辑的土地经济，但对于社区而言产生了难以解决的影响。

主要基于亚特兰大的经验，还有进一步的警告。虽然良好的公共交通规划旨在确保长期的生活质量，但其短期的影响并非积极。亚特兰大在20世纪70年代的大约5年中，几乎被一拆而空，成为一个可怕的地方。但亚特兰大并没有通过使用既有的铁路路权作为解决问题的权宜之计，而是将公共交通布局在亚特兰大人认为开发应当出现的地方。中心城区被拆毁，主要街道由于建设而封闭，这令人非常不愉快。但亚特兰大度过了这段时期，虽然做出了牺牲，但如今该系统非常成功。但我怀疑如果你去询问在20世纪70年代中期的人们他们对于亚特兰大的快速公交是什么看法，你可能并不会得到如今所听到的那些非常热情洋溢的回答。我们必须理解的是为了获得长期的收益，必须忍受短期的阵痛。在阳光地带，这正是需考量的重要问题。

另一点有关生活质量的问题是犯罪。在阳光地带，我们并没有很多关于快速公交的经验，但是我们对于犯罪却有着明确的观念。我们读到了在纽约和芝加哥所发生的事件，并且我们认为这些是危险的系统，而不是人们所愿意去的地方。这种忧虑是真实的。亚特兰大第一次在公共交通系统上发生谋杀案，对于亚特兰大的乘客量就产生了重大影响，而该谋杀案恰巧是同样容易发生在家中或其他地方的家庭纠纷。好像人们知道它会发生一样，而且一旦发生以后，乘客量就急剧下降。在亚特兰大，错误之一就是选择了高科技、用计算机操作的视频监控系统。虽然在亚特兰大的系统中，摄像机和监视器到处都是，但在控制室里仅有一个人要同时关注近 50 个屏幕。他对于正在发生什么能否有一点点的知晓呢？如果该监控系统真正在行动中捕获了任何肇事者，这几乎可以说是一个随机事件。因此，设计诸如"街道眼"、可防卫空间以及无犯罪乘客区这样的概念对于减少犯罪而言是十分重要的。仍然，我们在亚特兰大学到的东西之一是个古老的理念：让警方在场，以减少和防止犯罪。犯罪预防的设计和警察在现场出现的组合对于阳光地带城市在公共交通设施上消除犯罪的观念而言是绝对必要的。

合作

快速公交对于塑造未来地产的发展能产生重要的影响，因此从一开始的战略规划阶段就应将发展利益考虑在内。然而，快速公交不是影响发展的唯一要素。公共交通必须与公路有所联系，因为它是整个交通运输过程——多式联运中的一部分。快速公交同样必须与公共空间和公园、服务基础设施（尤其是供水和污水设施）以及土地利用控制相联系。公共交通不得作为一个孤立的问题被提出，而是作为提升未来发展的综合措施的一部分。

那么，公共交通管理当局、规划部门、公园部门以及供水和污水处理职能部门能否紧密合作呢？我们如何将土地利用发展的所有关键要素联系起来，尤其是在阳光地带这样的除佛罗里达州之外并无对土地发展实施控制且在可预见的将来也不会有的背景下。我们必须通过政治进程来完成，并且必须引入私营部门。我们不能充当技术人员。这必须是指令式的，而指令式就要求政治领导。我们需要政治领导，但那往往意味着也要引进私营部门的领导。阳光地带的未来在于公私合作；事实上，公私合作是整个国家的未来所在。任何一个地区都不可能自己孤立地实施公私合作。

自由的市场经济是我们所继承的一部分，也是我们传统的一部分。但我们必须认识到有这样一个强烈的需求，由政府在存在开发活动的地方，建立管制体系，同时还有企业的合作和参与。这就需要采用一种与政府支持相交往的新方式。在加拿大已有一些令人惊叹的成就，这些成就表明新的公私合作关系可在公共交通车站周边地区产生显著的效果。

这就与为公共交通系统支付有关。亚特兰大采用了过度征用的方法，获取了车站周边大部分的土地，然后将其通过谈判，以招标程序出售。在华盛顿特区，有七个车站早已实施了公私合作的联合开发。我所说到的公私合作关系，是指真正的合作关系，他们共担风险，共享回报。这就是亚特兰大、迈阿密和华盛顿特区正在做的。在亚特兰大，这就是一个非常简单的过程，通过过度征用而促成未来的发展。亚特兰大的车站周边地块被转变成"公共利益地区"，这是一个适宜于阐释和谈判的范畴，并且当你拥有土地时，它将变得非常有吸引力。毫无疑问，其目标是要创建车站周边地区的高密度发展，这不仅将会创造客流量的新高，也会产生更多收入。

一些观察者认为在郊区中心地区容积率可以达到2，然而在亚特兰大一些地方容积率做到了10。在一些郊区地块上建设40层建筑物的前景为开发商提供了一个与政府合作的规划动机。这同样也会影响停车政策。迈阿密没有将其停车政策与它的公交车站开发相协调，而亚特兰大则这样做了。事实上，在亚特兰大公交车站周边地区所谈判建设的高层建筑并没有停车需求。想象一下多达50万平方英尺建筑面积的大楼几乎不需要停车位！在亚特兰大，有着给予开发商的令人难以置信的特许权，其效果非常成功，并且助推了公共交通乘客量的增长。而在多伦多，将这些要素群集起来，以及让这些次节点出现开发的景象，花费了相当长的一段时间。在亚特兰大，在过去的十年中以上现象均已出现。

公共交通和发展规划过程中的步骤

总而言之，以下是公共交通和土地利用规划进程中的关键步骤。第一，形成一个将公共交通的发展目标与公路、土地开发、基础设施和开放空间的议程相融合的综合规划。必须做到在所有层面上都能综合地联系起来。不管以什么方式，必须要出现某种领导，以宣称"我们应该这样做"。然后，公共交通才能深刻地影响综合规划。

第二，建立一个20年的政治承诺。这并不容易。不要期望所有的人都会保持一致。亚特兰大以2个百分点的微弱优势通过了快速公交的决议；涉及的五个县中的三个并没有通过大都市区快速公共交通管理局决议，并且直到现在依然未通过。在迈阿密，快速公交也是仅仅勉强赢得支持。不要期待有压倒性的指令，因此不要指望通过选举方面的政治进程来获得这项承诺和意愿。相反地，形成一个政治联合体，将公共交通作为其中的一个主要目标，而不是唯一目标。政治联合体将仅仅满足你的部分要求，但这对于迫切要求解决生活质量的问题而言是极其需要的。

不幸的是，在大多数阳光地带的城市中，这样的联合体仅限于"雅皮士们"，但其基础肯定会更加广泛。要不是黑人社区的支持，快速公交将永远也不会在亚特兰大出现。同样，要不是有黑人、西班牙人和老年社区的支持，在迈阿密也同样不会实现快速公交的发展。不幸的是，当系统最终建成时，这些群体往往被忽视了。那些如此支持迈阿密快速公交发展的老年人被忽视的原因是，那些线路从来没有通往迈阿密海滨区（Miami Beach），而是通向了一个白人、中产阶级的居住社区。在亚特兰大，给予黑人社区的承诺之一是公共交通线路将服务于主要的黑人居住区和公共住房项目。然而20年以后那些地区并没有被快速公交服务到。但是承诺已经给出，因此如今的亚特兰大市长必须要履行那些承诺。如果当时就能作为多元文化、多元化政治支持者努力的结果将这些承诺兑现了，那将是件好得多的事情。这种长期承诺的另一方面则是认识到支付能力和社会支付意愿的财政计划。这通常意味着高收入人群将不得不补贴低收入人群。

第三，私营部门必须加入其中。地产开发商能理解快速公交的影响，但也必须包括让更广泛的私营部门参与其中。在某种程度上，尤其是在这段历史时期，快速公交是一个经济发展问题。正如它与交通运输有关，它还可能与就业岗位有关。

经济发展问题的一部分是中心城区的重建。在中心城区的复兴方面已经做了很多努力，我们应该认识到，美国城市的重建，尤其是阳光地带的城市，是利用基础设施和投资资金的较为经济的途径。然而大量的中心城区复兴却是联邦税收政策的结果。它是税收冲销的结果，并且在很大程度上，是属于历史复兴的税收抵免。毫无疑问，在过去的10年中，中心城区出现了巨大的复兴。但是在中心城区仍然还有很多未被使用的空间。1986年《税务改革法》(Tax Reform Act)消除了所有这些刺激因素，在不久的将来，我们将不会在看到此类发展。至于中心城区的复兴，已经给出了要慎重对待的建议，特别是商业用途地区。然而，我们应该做的是以其本意来看待中心城区的重建——对主要城市中心的再建设。那是重要经济建设的保障，可以影响新就业岗位的形成。它可以成为快速公交系统的一项积极成果。

公共交通能够对阳光地带的城市生活和发展产生重大影响。我们必须得到这样的预先警告：将可能会存在短期的负面影响，使长期的正面影响目标变得混乱。然而，我们知道，阳光地带的居民们，无论是本地居民或是移民，都敏锐地意识到了越来越多的交通问题。公共交通可以也应该在解决一些问题方面发挥作用，但我们也不要过度地允诺或夸大公共交通的效果。

思考

西蒙·阿特金森
得克萨斯大学奥斯汀校区，建筑学院
荣誉教授
Black Atkinson Vernooy 建筑事务所，负责人

前述论文所提出的主要议题之一是关于我们希望生活在什么样的世界里。应采取什么样的价值观来引导城市，以及它们的社会和经济后果又是什么？小汽车的作用是不可避免的考虑因素：小汽车是城市生活的解放者还是约束者？

大量研究表明，四处蔓延和较低净密度的城市已成为提供更大机遇和选择，以及通过私人小汽车出行的自由的基础。在这样的"城市中无场所感的领域"中，有人认为人们可以在足够的空间和丰富的市场内选择他们的生活方式。土地是开放的，并且由联邦或州政府出资建设的道路和充足的基础设施为其提供服务。据说那些住宅建造商、新行业、办公和零售商店正是在寻求这样的自由自在的市场。好几片公共空间作为便利设施，被恢复给公众使用，成为发展过程的一部分。虽然这并不是我们被教导要热爱的紧凑城市的设计之梦，但我不断地肯定，这就是新兴的美国景观，并且，给予时间的话，我们将学会意识到其新的美及其所带来的新机遇。

但正是这种低密度的性质造成了蔓延式发展，并最终导致了无法达成的交通均衡。完全使用小汽车出行仅仅在相对低密度的片区才显得符合实际，而这种低密度是指略低于目前郊区开发的密度。美国城市的交通拥堵已经从中心城区、高峰时间出现瓶颈转移至郊

区地区,并且拥堵的时间跨度也更长。

交通分析师普遍认为这些问题的治疗方法难以实现。区域性道路网络正被大量用于地方性交通,并且郊区地区的交通分布变得复杂得多,美国大量城市的外环路在一天中的大部分时间都处于拥堵状态。然而,这可能仅仅是为小汽车所呈现的机遇支付的很小的代价。通过学会这个可变通的城市系统中的替代方案,或许我们可以适当地出行,虽然拥堵不可避免。

在这样持放任主义观点的城市中,有人认为公共交通规划师对那些极少数的、可能被取代的人群给予了过多的关注。毕竟,不管怎么缺钱,少数群体和城市中的贫困人口同样拥有汽车并可以开车到任何地方。甚至那些年轻人都被鼓励给予汽车文化以超越真实文字的优先权,并且既然我们对于老年人有着广泛覆盖的医疗计划,那么很显然,他们将永远继续开车。如果诸如这些群体的一部分有机动性问题,随后低调的计划,通常是私有化的,就能以有效和高效的方式加以应对。美国已对上学孩子们的校车问题进行了充分应对;类似地,任何拥有低机动水平的特殊群体都可以被挑选出来,给予特殊关注和服务。

新兴美国城市的这一观点是基于对市场抱有的乐观情绪。如果不加以干涉,土地和开发市场将会代表我们的利益显得卓有成效。我们并不需要政府以任何形式进行的干涉,除非是可能提供一些城市服务的援助。开发企业将建造一系列人们愿意居住并能承受得起的房屋,大型和小型企业将会寻求它们自身的一片机遇,道路网的延展将会把它们联系在一起。在下一阶段,带型中心和小型商业中心将会在毗邻道路处形成,并提供进一步的服务和便利设施。

为了证实这种均衡状态是有效的,高密度的城市集聚体随后将出现在关键位置,通常是毗邻主要公路的交叉口处。这类企业的公私合作基础是相对简单的。在大量案例中,都没有要求城市提供道路基础设施,因为这可以通过道路行政区得以实施。其他的大多数开发可通过市政公用分区和规划的单元开发得以便捷化。公路建设的巨额资金投入不太可能由私营部门来承担,但在大量城市中,这是直接要求市政府来提供的唯一基础设施，而其他部分则都是通过电力和给水分区间接供给的。

就资金对于一个城市而言，其明显优势显得引人注意，即便其服务范围覆盖了比城市旧城区要大得多的人均面积，它仍然被看作是一笔好交易。城市在这类地区的规划中能得到特许权，并且有迹象表明许多城市都在它们的条例中注意到要控制从建筑物流出的雨水量，所提供的停车位的范围和质量，高质量的进出道路，以及有时在开敞空间和为学校区域或其他城市服务所给予的土地方面获得特许权。

如果说这是未来城市发展的模式，那么休斯敦为什么摒弃宽松的、"网袋状"的道路系统，以便实施一个有效的公共交通系统，以及城市政策如今为何牢牢地集中于将生活和企业吸引到中心城区来呢？同样，为什么另一个典型的新型美国城市——洛杉矶也在认真地重新评估其整个的城市运转模式，大规模强调重视公共交通，并且为内城发展设计了一系列的激励机制呢？这些案例都表明我们有必要修正对美国城市及其形态的观念。城市在中心区周边以紧凑的方式形成，随后转换成宽松的郊区化蔓延，这样的说法是不够的。第三阶段，需要进行重组，以适应新的交通流量水平。然而，如果第二阶段增长的主要部分在广阔的空间地区星罗棋布，如果某些郊区增长中心变得和原来的城市核心区占据相同的主导地位，那么难以想象这些城市如何得到有效的重组。为试图解决城市核心区的经济衰减问题和对缓解郊区道路拥堵采取象征性姿态，他们所能做的就是重组一个集中于中心城区的有优先权的公共交通走廊。这看起来是一个不太舒服又昂贵的重组城市的方法，但它可能是唯一可利用的机遇了。

我感觉大多数案例研究城市能获得比上一个模型更加深入的探求，并能获得一套更广泛的信念。它们并不仅仅由交通方面的考虑因素来引导发展，生活质量的考虑因素在公共交通发展的选择上似乎已显得极其重要了。

从与案例研究的作者进行的非正式谈话，以及试图确定他们的城市中象征对公共交通发展支持的情感因素的过程中，可以很明显地感受到情感激励和头脑冷静的政治和经济论点的浓厚混合。在许多案例中，难以建立的是一个占主导地位的触发其他行为的变量。毫无疑问，交通拥堵是关键问题，但这似乎刺激了超越该问题本身的对话，将问题延伸至社会公平、经济复兴、生活质量和良好城市形态的原则等方面。将用于证实更大程度上是基于公共交通发展的城市的要点罗列出来或许会有所帮助。

支持公共交通发展的论据

公路延伸与蔓延无效。城市无法减轻交通拥堵的最恶劣影响。通过进一步扩大和延伸城市道路网来减轻拥堵并没有带来期望的结果，反而出现了许多令人遗憾的副作用。作为一般原则而言，交通流量的预测会迅速地成为自我应验的预言；你所提供的自由交通流机遇越多，那些新的连接通道就会被那些正常情况下本不会使用它们的人所找寻到而越早地变得拥堵起来。

几乎所有的道路网，尤其是那些高容量道路网，都对毗邻的社区产生了破坏性的副作用。事实上，它们通常位于城市的"软弱夹层"中，从而将城市的海岸线或一个重要的内城社区与其中心城区割裂开来。在几乎所有的案例中，毗邻这些主要干道地区的经济都有所衰弱，如果不是成为不毛之地的话，在那里生活也变得不可能。最近的研究已经确定令人如此反感的不仅仅是物理屏障和道路的入侵，它们还促使了城市结构在人们感知层面上被切断。

除了成为不可靠的交通拥堵解决方案和有害于周边地区发展的缺点外，公路延伸并非可以用来复兴城市衰败部分的力量。许多城市规划都寻求一个拥有高架放射线路和内部环状道路的新重组的中心城区，但最后发现在极其昂贵的实施计划后，这些方法都不能促成相关的城市投资。此外，仍然存在大量空间用于小汽车停放的问题。在许多案例中，改善小汽车进入中心城区的条件意味着城市小尺度和历史肌理的消除，而这仅仅是为了提供停车位。

它使社会公平和经济发展有意义。一个有效的公共交通系统相对于个人小汽车而言更加平等，因为它并不歧视城市中任何的单一群体。它对于年轻人、老年人和弱势群体，以及任何其他市民而言，都是一种安全的交通模式。支持者们强调，随着人口的普遍老龄化，我们需要使老年人拥有机动性。同样还有强烈的观点认为年轻人不应被强迫不得不成为小汽车司机，否则将会对他们在高中或大学时段就需要挣钱造成不当的压力。

　　城市中社会公平的观念可以得到扩张，以将经济因素包含在内。在美国，道路交通事故和醉驾已经成为死亡的主要原因，尤其是在年轻人群体中，这对于国家经济造成了严重影响。在城市特定区域内小汽车效率的下降，势必会对其经济产生间接影响。举个例子来说，由于交通拥堵和阻塞的高速公路所引起的沮丧感和时间损失的代价是什么？

　　在这些论据中最重要的一点可能是内在的经济保险政策的原则。相比于我们现在依赖小汽车的状况而言，公共交通系统有着以更低成本在更长时期内服务于更多人口的大得多的机会。除了革除小汽车拥堵问题之外，我们还预计到未来的能源短缺和对能源效率的巨大需求。

　　经典城市仍然是有效的典范。小汽车城市占据了太多的空间，放任主义的城市缺乏使城市成为城市的临界物质。相反，中心城区可以再次成为城市生活的焦点。街道可以重新成为活动发生的地方，让小汽车成为我们的仆人而不是主人。公共交通可以有助于将停车场替换成有用的建筑物，并允许我们替换掉侵入的公路结构。随着时间推移，公共交通可以革除这种不舒适的不平衡和鼓励人们回到更融合的城市中来。

　　公共交通支持社区整合。大多数的道路改善工程都不利于城市内部的社区，而公共交通系统则可以加强社区可识别性和认同感。公共交通能支持地方商业，并且通过提供到达性交通，同时鼓励家庭自有住房和稳定的租赁。人们将会愿意居住在更高密度的区域，以较小的空间换取可达性的增加和高水平的城市便利设施。城市内部的社区可以重新建立并加以巩固。

　　公共交通会促进可识别性。聚焦于中心城区的公共交通的发展表明了坚定地致力于发展城市最重要和最独特的地区；它伴随着利用其自身的可识别性发展外围节点地区的承诺。广义上讲，这些都是对于"场所感"的承诺。在几乎所有引述的案例研究中，对于在城市内部创造重要和可识别的地标都有着强烈的动机。对于在中心城区的复兴和在车站周边重组一个新的副中心而言，都是如此。

使场所拥有可识别性的有力论据之一是帮助人们形成城市的"心智地图"（mental maps）。人们是从城市的区位、组成部分和地方特色开始认知城市的。此外，公共交通系统本身也成为城市定向器，而车站则成为定向中的节点，因为有意义的城市同样也是可导航的。市民是通过一系列的可识别特征来理解一座城市的，这些特征不仅使城市被人们所熟悉，并且还作为一系列的路标，创造了更易于感知的可达性。如果说城市的可达性被视为民主的基石之一，那么城市本身则为它社区的所有部分开启了一系列更大的机遇。

城市中心作为这种集聚的主要焦点得以重新建立。随着更少的空间被小汽车占用，就有更大的空间来增加其密度，因此为公共交通与城市的互动提供了机遇。这里的关键论据是真正的城市活动和互动感不能，也不会在高密度和丰富多样性的地方发生。

公共交通的发展有助于重塑街景之感、丰富而混合的城市功能以及人行道活动的重要性。在很多情况下，公共交通因其将餐饮和娱乐在公共交通车站的步行范围内聚集的能力而成为城市夜生活的重要支撑之一。它同样也被视作制定大量未来关键的土地使用决策的基础。例如，主要的表演艺术中心、艺术区、会议中心、城市公园、酒店、高科技产业中心、机场和零售商场都可以选址于公交站点附近。

发展公共交通能有经济收益。案例研究中最令人兴奋的见解之一可能是公共交通与渐进式土地利用规划能保持一致性，并且反过来，促成了大量的开发收益。记住这些企业的巨大成本，这也许是很明显的一点，但值得庆幸的是，在很多情况下，它们被作为引导通常并不被意识到、也肯定不在那些区位的直接发展机遇的手段而得以规划。在很多情况下，直接开发奖励被制定在与公共交通站点区位相关联的地方。在很多其他情况下，开发商准备将提供公众利益作为他们开发的附带产品。不幸的是，并没有来自于成本效益分析方面的强烈迹象表明这些巨大的基础设施投资回报的范围和类型是如何的。这应当成为下一阶段研究的内容，但这样的假定是合理的——只要有精细的公共交通与土地利用规划，公共交通系统就可以作为重要开发的催化剂，因此就这点而言，公共交通系统对城市未来的繁荣而言将很可能是一笔很好的投资。

要衡量由公共交通所产生的发展和经济收益的程度是困难的，尽管其中一些收益可能已经以某种方式产生，并且要衡量由此承诺所带来的更广泛的经济收益就更加困难了。例如，如果公共交通系统对城市的访客来说成了难忘而便捷的体验，那么它很可能会促进旅游业发展或促进城市作为会议中心的重要性。新奥尔良的电车系统即是以这种方式考虑的，温哥华则将旅游业视作近期公共交通系统实施的重要考虑因素。这种更广泛经济收益的另一方面可能来自于那些因这样一个系统的优势而选择在当地逗留的企业和人们。临近公共交通可以增加房屋价值，也可能成为一个使人定居的因素。

一个不那么有形的收益与系统自身有关。大量的案例研究表明公共交通体验的质量吸引了人们远离小汽车。随着时间的推移，这种诱惑措施不管在减少对汽油的依赖还是减少道路维修的数量方面，都无疑带来了实实在在的好处。

公共交通系统可以为每个区域定制。一些公共交通系统提供快速、高容量的服务但是它们灵活性较差并且昂贵。其他一些则在规模和服务方面更加适中，但能更好地与城市背景相适应。重点是公共交通并不是一个不相容的系统而是一个可以根据城市和它所服务的社区进行定制的系统。我个人经验的一部分是支持非常低调和低预算的公共交通系统。有两个项目的特征包括从小汽车道"偷来"的隔离的公共汽车道、在部分城市中心区设置公共汽车专用街道以及设置截流式停车场。在这两个案例中，我们都发现公共汽车的形象是负面的，因此我们试图以一个更惬意的方式展现给更广大的市民。在一个方案中，我们将所有公交线路的起点都设置在社区内，采用更小的公共汽车并配以正规的、友好的驾驶员。这些小公共汽车随后变成快速公交，使用公共汽车专用道直接驶入中心城区。

在另一个项目中，我们在中心城区提供了免费乘坐。这被证明对于购物者来说提供了巨大的方便，同时也让他们更加熟悉公共汽车的使用。最近几年中，引进了私人运营的微型公共汽车，很多车辆的大小和大型出租汽车差不多，它们给购物袋提供了空间并且随时运营。驾驶员们在获得特许经营权的基础上运营，通常可以提供比小汽车更多的服务和更高的效率。中等规模的美国城市能对公共交通做出更严肃承诺的方法之一是将城市关键地段的公共汽车道隔离出来，并使用小型的具有吸引力的公共汽车。我的观点是任何系统——公共汽车、铁路或其他任何系统——的坏名声都可以通过认真而细致的设计和规划得以克服。

高瞻远瞩的领导力

在我所访问和合作过的大多数城市中，我都发现了一种特别的领导意识，这些都通过案例研究使其更有说服力。这种领导力可以描述为高瞻远瞩以及被一个运行在各城市大部分领导层结构中的根深蒂固的共识所支持。在很多案例中，由一个小组自己承担交流有关城市未来面貌的大胆观念的任务。在所有的案例中，没有仅仅将公共交通作为应对交通拥堵的方法来"推销"的问题，而更多的是对一系列更广泛理想方面的沟通。大多数报告都体现了与土地利用、生活质量以及环境质量相关的价值。大多数报告同时预言他们并没有采用最简单的通道走向城市的未来，以及尤其在短期之内，将会有大量的困难且通常是昂贵的决定要做。这些愿景中最令人惊异的方面是，城市不仅能预见，还能说服全体选民相比于简单的放任主义而言，存在一个更广泛受益的城市发展模式。可能这种愿景的长处，正如所有案例研究中所证明的那样，在于它并不试图成为全面的远见卓识。换句话说，与一些早期欧洲城市转型的理想模式形成对照的是，该愿景让城市的很大一部分像其他城市一样演变，但是选择了关键区位实施投资和特殊的土地利用政策。人们可以看得到城市的改进，但这种改进并没有规定一种生活方式或直接迫使他们接受一种不愉快的均衡。

这一愿景的另一个重要和相关的方面是对涉及决策制定的不同部门之间合作需求的理解。在很多城市的情境下，私营部门和公共部门将他们之间的关系视为冲突的，而官方机构则基于部门决策制定的功能原则来行事。我们所见证的几乎所有案例都基于公共和私营部门之间的紧密的工作伙伴关系，其中私营部门偶尔也会接任更多的领导力，并且在地方政府机器中有一个必要的关键执行者的重组。

在那些城市中，很明显，从一开始，来自于公共部门的这些重大承诺，以及预先的大量资金保证，如果没有来自私营部门内部的相应承诺的平衡和投资资金的重新定位，将不会起作用。在很多情况下，我们建立了联合团队，以这样的基本前提一起工作：改变可以是积极的，发展可以是良性的、兼容的以及与新的公共交通系统是完美融合的。建立规划和城市设计框架的第一部分的大量团队都是由公共和私营部门的代表组成的。从公共部门的观点来看，活力似乎从一开始就很明显。在众多情况下，都带着贷款资本成立了特殊机构，这些都形成了必要的使命感。无论如何，这都不仅仅是公共交通规划师的避风港，而更多的是牵涉城市发展进程的巨大复杂性的诸多思想的会晤与碰撞。这可能表明这样的信息：当规划事业是任务导向的、交由私营部门负责的以及由结果来判定时，会显得更有进取心和更成功。换句话说，人们可以发现该均衡的各方共同构成了一个发展机构，该机构注定要从重要的承诺投资资本那里带来直接的经济回报，然后通过这样做来大幅度提高在该城市的生活质量。

需要特别注意的第二方面显然就是领导力。在大多数的案例研究中，很明显人们从一开始就接受了非常高级别的领导层的承诺。关键人物往往来自于私营部门，他们能将已有的领导技能致力于这个特殊项目，并拥有将其理念传输给更广大市民的能力。同样明显的是，领导层并不是时断时续的、单方面坚定的努力，而更多的是因其角色和专业知识受人尊敬的诸多领导人作为一个团队协同工作。

这些城市决策制定的特点中，最重要的方面可能是他们都很大程度上向着政治的共识形式行进。这并不意味着许多论点没有经历费尽周折的公开讨论，而是意味着向前推进和完成总体任务的大理想应当始终占据主导地位。我也亲眼看到积极进行自我批评并准备纠正一路上出现的所有错误的领导。同时，每个领导都有着由他们项目下一阶段的雄心壮志触发的、未来导向的愿景，以及前方更大的利益和成就。也许提出重要美国城市成功演变的关键特征是有共识领导力的模式这样的理论显得过于圆滑，但那正是这些迹象所表明的。

公共交通与城市设计

得克萨斯州城市的两项研究显示了公共交通对城市设计的一些潜在影响。同时，每项研究均表明促成事件发生的运营规模及人口基数都不需要很大。一项是对一个小型历史城镇加尔维斯顿（Galveston）中心城区的研究，而另一项研究则描述了奥斯汀市合理的公共交通走廊相邻地区的发展机遇。

加尔维斯顿是一个远离得克萨斯海岸线的小型的、全国知名的岛屿城市，其居住人口仅约4万，但是拥有大规模的旅游人口。它拥有一个历史城区，虽然这经常被忽视，而该中心城区已成为大量城市设计研究和旨在扭转它的经济和城市品质的重大企业的焦点。有一个研究将重点集中于将一个新型的公共交通系统融合到中心城区的肌理中。尤其令人关注的不仅仅是中心城区经济停滞的事实，还有旅游者都前往海滨，而不会在中心城区体验城市或消费。曾经有提议建设一个低调的轻轨系统，将海滨与中心城区和很多其他的吸引点连接起来。如果这样做的话，该公共交通系统将加强这座城市的整体感，并且更加务实地说，它将把众多其他发展也联系到一起。我们设计了大门以界定中心城区的入口，街道则被赋予了更多的个性并与电车建立联系，并且车站周边的每一个新场所都被赋予一个明显的特征。这些场所连同它们所主导的活动，将成为中心城区的新地标和未来经济复兴的催化剂。与这些行动配套的是，很多历史建筑得以翻新并转化为新的用途。如今，一个具有吸引力的公共汽车系统已经运营了一段时间了，并且由城市税基提供经费的轻轨系统也即将开始实施。这

思考

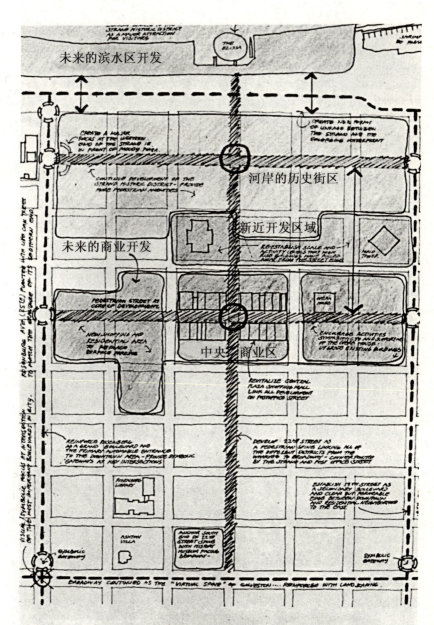

城市设计框架的规划

公共交通系统是加尔维斯顿的城市设计方案不可或缺的一部分。

一初步设计方案大力强调了中心城区的大量街道是作为创建视觉焦点的手段,同时也是新的城市吸引点和土地利用的基础。该方案建议,电车将全新的中心城区购物中心与艺术区、港区和斯特兰德(Strand)历史街区连接在一起。各种各样与公共交通系统相关的街道识别物的开发旨在在视觉上加强人们对场所的认知,以及将电车线路和周边的开发协调起来。该策略旨在小规模地让访客对加尔维斯顿形成"心智地图"。

〔关于高瞻远瞩的领导,加尔维斯顿历史基金会(Galveston Historical Foundation)已显示出在整个开发与保护过程中的卓越领导力,他们通常得到有远见的慈善基金会和开发商的支持。在整个企业中最重要的两位人物是历史基金会经理彼得·布林克(Peter Brink)和在大部分复兴过程中的重要投资者和开发商乔治·米歇尔(George Mitchell)。〕

第二个研究与所提议的奥斯汀第一阶段的公共交通实施有关。首府地铁集团(Capital Metro)指定了第一条优先发展的廊道,它将

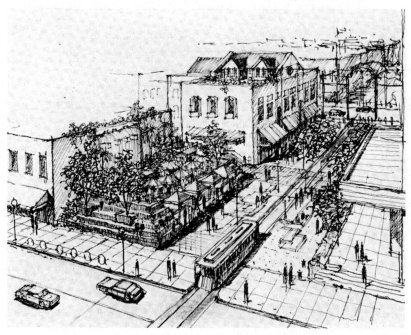

公共交通的发展使得将中心城区作为吸引点的整体计划更具说服力。

思考

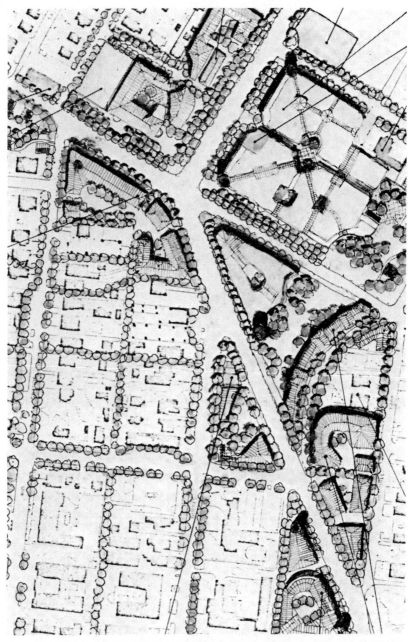

在一个实例中,通过圣地亚哥·阿瓦索洛(Santiago Abasolo)的调查发现,附近社区的特征可得以利用,以赋予与公共交通相关联的开发可识别性。

中心城区与最接近的北部社区直接相连，并连接至西北部的新居住区和工业郊区。该第一条连接线的一个重要特点是它将中等密度的内部城市社区、得克萨斯大学的校园、州议会大厦综合体和中心城区合并到一条廊道中。系统技术是采用独立的公共汽车专用道还是轻轨并没有被选入研究中，并且对于研究的目的而言，系统技术也不是最重要的核心内容；重点是沿线的土地利用的影响。

所进行的调查结果表明，虽然城市内部社区的居民们通常对于由临近住宅的公共交通系统所提供的机会感到满意，但同时他们也对其影响持谨慎态度。由于已经习惯了道路扩张和改变区划用途的威胁，居民们预期公共交通系统能够带来一个不兼容并给人留下深刻印象的土地利用的变化。因此，能够在保持社区兼容的同时实现公共交通系统利益的设计方案由首府地铁集团、奥斯汀市政当局和社区团体共同制定完成。这里列出了代表由这类共识的决策制定所产生的城市设计的两个项目。其共同点是都支持这样的原则，即车站可以成为城市中的重要地标，其自身拥有特殊的可识别性并且作为临近社区的集聚地。每个车站不仅是一个集合点，还是一个能以具有吸引力的混合用途开发方式将城市肌理编织起来的良好机遇。

第一个项目有着花园城市的特征，该项目建议恢复到基于公共交通的、最初的紧密组织的郊区主题中。成排的树木被用来将地区组织到一起，并采纳临近社区的主题，将其现有的质量延伸到新的公共交通中心。类似地，植物则将一系列连接良好的街边建筑和小型楼阁建筑连接起来。该项目的中心要点就是要在一个小地区营造大量的变化，以及创造一个区别于城市其他地方的可识别性。

第二个设计有着更多的城市特征。建筑物不仅仅是用来界定和控制公共交通和道路廊道，还用以形成毗邻社区的边界和联系，并且界定一系列变得有人气的小型的城市"人性场所"，因为新建筑提供了毗邻地区和公共交通站点之间的联系。该设计在它所提供的多样性方面，吸引本地夜生活的能力方面，以及它在车站、毗邻的开发和社区公园间所形成的关系方面都做得很到位。

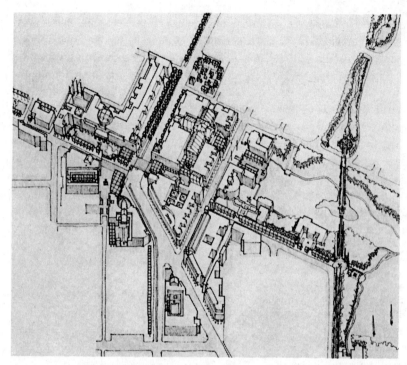

相反，迪恩·阿尔米（Dean Almy）显示了一个更经典城市的设计如何使与公共交通相关的开发变得令人难忘。

也许这两个项目更重要的方面在于它们表明了对并不来自于区划实践的高质量城市形态的态度。它们暗示着一个很少会被意识到的机遇，凭借那个机遇，公共和私营机构可以向着共同的利益实现密切合作，同时对社区的和谐共处和支持变得敏感起来。即使这些设计仅仅是持有了一条线索，它们也意味着一种新型的基于进取心、设计灵敏度和与各种相关专业团体共同合作能力的专业技术。

我想表明美国的城市不能被规划，并且如果一上来就试图这样做，那几乎是一个时代上的错误。已经被证实的是美国城市的发展，如果想要获得良好而合理的结果的话，必须由一套明确而强有力的激励和优先权机制来指导。正如一个城市可以规划一座新机场来服务于一定数量的人口和经济领域，该城市也可以规划实施公共交通与土地利用的合作，以识别和改善城市的核心区域。这一点反过来可以作为对该城市未来增长的新的、关键部分的控制基础。换句话说，该城市的愿景并不完全是规划的，但它也不会反对谋划。相反，它提供了一系列的激励措施和机遇，并且通过这样做，将我们引向城市可供选择的发展方向。

机构名称索引

BART（Bay Area Rapid Transit）
旧金山湾区快速公交系统
APTA（American Public Transit Association）
美国公共交通协会
Pacific Electric Railway Company
太平洋电气化铁路公司
Federal Aid Road Acts
联邦公路援助法案
SMSAs（Standard Metropolitan statistical Areas）
标准化大都市统计区
Federal Highway Trust Fund
联邦公路信托基金
Urban Mass Transportation Act
城市公共交通法案
HUD (Department of Housing and Urban Development)
住房和城市发展部
UMTA(Urban Mass Transportation Administration)
都市公共交通管理局
FAR
容积率
TMAs（Transportation Management Associations）
交通管理协会
TTC（Tornoto Transit Commision）
多伦多公共交通委员会
ODOT（Oregon Department of Transportation）
俄勒冈州交通署
Federal Highway Administration
联邦公路管理局
CAC（Citizen Advisory Committee）
市民咨询委员会
MTDB（Metropolitan Transit Development Board）
都市区公共交通发展理事会
LRT（light rail transit）
轻轨
Shuttle bus Sacramento Transit Property
萨克拉门托公共交通集团
Parks and Recreation Department
公园和文娱部门
Ottawa–Carleton Regional Transit Commission
渥太华－卡尔顿地区运输委员会
RTD（Regional Transportation District）
区域交通运输管理局
DDI（Directors of Downtown Denver,Inc.）
丹佛市中心城区管理公司
Vancouver Region Rapid Transit
温哥华区域快速公交系统
VTDC（Urban Transportation Development Corporation）
城市交通发展公司
BC Transit
不列颠哥伦比亚公共交通集团
MBTA（Massachusetts Bay Transit Authority）
马萨诸塞州海湾运输局
Pennsylvania Central Railroad
宾夕法尼亚州中央铁路公司
WMATA（Washington Metropolitan Area Transit Authority）
华盛顿都会区运输局
New Jersey Transit
新泽西公共交通公司
MTA（Metropolitan Transportation Authority）
纽约都市区交通运输管理局
SCRTD（Southern California Rapid Transit District）
南加州快速公交集团
TARTA 托莱多区域公共交通机构
CRA（Community Redevelopment Agency）
社区重建机构
MARTA（Metropolitan Atlanta Rapid Transit Authority）
亚特兰大大都市区快速公共交通管理局
ARC（Atlanta Regional Commission）
亚特兰大区域委员会

地名索引

Austin 奥斯汀
Texas 得克萨斯州
Houston 休斯敦
Oregen 俄勒冈州
Portland 波特兰市
California 加利福尼亚州
Walnut Creek 沃尔纳特克里克市（核桃溪市）
Washington 华盛顿州
Tacoma 塔科马市
New York 纽约
Boston 波士顿
San Francisco 旧金山
Cleve land 克利夫兰
Richmond 里士满
Lower East Side 下东城地区
Dallas 达拉斯
Seattle 西雅图
Chicago 芝加哥
Los Angeles 洛杉矶
San Fernando Valley 圣费尔南多山谷
Orange County 奥兰治县（橘子郡）
Berlin 柏林
Atlanta 亚特兰大
Baltimore 巴尔的摩
Washington,D.C. 华盛顿特区
Calgary 卡尔加里
Toronto 多伦多
Vancouver 温哥华
Miami 迈阿密
Pittsburgh 匹兹堡
Maryland 马里兰州
Columbia 哥伦比亚
Contra Costa County 康特拉科斯塔县
Virginia 弗吉尼亚州
Tyson's Corner 泰森角

Encino 恩西诺
Iuinois 伊利诺伊州
Dupage 杜培基
New Jersey 新泽西州
Princeton 普林斯顿
Lowdon 罗登
San Francisco Bay Area 旧金山湾区
Long Island 长岛
San Diego 圣迭戈
Fairfax 费尔法克斯
Georgia 佐治亚州
Bethesda 贝塞斯达
Pleasanton 普莱森顿
Lrvine 欧文
Sunbelt 阳光地带（指美国南部地区）
Metropolitan Toronto 多伦多大都市区
Ontario 安大略省
North York 北约克
Scarborough 斯卡伯勒
Gresham 格雷舍姆
Vermont 佛蒙特州
Barre 巴里
Multnomah 摩特诺玛
Concord 康科德
Back Bay 巴克湾
Banfield 班菲尔德
Willamette River 维拉米特河
Yamhill Historic District 岩希尔历史街区
Skidmore Historic District 斯基德莫尔历史街区
Portland Transit Mall 波特兰公共交通步行街
Pioneer Courthouse Square 先锋法庭广场
Santa Fe 圣菲
San Ysidro 圣伊西德罗
Lemon Grove 雷蒙格罗夫

La Mesa 拉梅萨	Fraser River 弗雷泽河
El Cajon 埃尔卡洪	Surrey 萨里
Mission Valley 密申谷	Burnaby 伯纳比
Sacramento 萨克拉门托	Arlington 阿灵顿
California's Central Valley 加州中央山谷	Decatur 迪凯特
Detroit 底特律	Ballston 鲍尔斯顿
Adelaide 阿德莱德	Copley Place 科普利广场
Stuttgart 斯图加特	Nevada 内华达州
Ottawa 渥太华	Sparks 斯帕克斯市
Carleton 卡尔顿	Secaucus 斯考克斯市
Calgary 卡尔加里	St.Louis 圣路易斯
Edmonton 埃德蒙顿	Santa Cruz 圣克鲁斯
Scott Street 斯科特街	New Orleans 新奥尔良
Queensway 金钟道	Madison 麦迪逊
Denver 丹佛	San Antonio 圣安东尼奥
the 16th Street Mall 第16大街	Massachusetts 马萨诸塞州
ureater Vancouver 大温哥华地区	Toledo 托莱多
Arizona 亚利桑那州	Michigan 密歇根州
Phoenix 凤凰城	Flint 弗林特
British Columbia 不列颠哥伦比亚省	Dowagiac 多沃贾克
Kingston 金斯敦	Florida 佛罗里达州
New Westminster 新威斯敏斯特	

译后记

由韦恩·奥图主编的《公共交通、土地利用与城市形态》一书，经过一年的精心翻译，其中文版即将面世。

本书理论与实践相结合，19篇论文围绕公共交通、土地利用与城市形态的关系，分为"公共交通在塑造城市特色中的作用"、"公共交通发展的案例研究"、"有关实施的议题"三个板块，描述了美国城市的交通危机，提出公共交通不仅是交通问题，更是关乎土地使用、经济发展、城市设计和生活质量的问题，进而对多伦多、波特兰、圣迭戈、萨克拉门托、温哥华等成功实现公共交通、土地利用与城市协同发展的案例进行深入剖析，并寻求将公共交通发展与土地利用规划、城市设计整合起来的合理并可承受的方法。

原著虽然成书于1988年的美国，但随着中国城市化与机动化进程的加速，资源与环境压力剧增，20多年前出现在北美的诸如城市蔓延、交通拥堵、社会矛盾的激化、公众参与的缺失等问题如今正凸显于中国大地。虽然中国与北美有着不同的国情，但北美在应对公共交通与城市发展方面的成功经验依然非常值得我们借鉴与学习。由于中国城市人口众多，许多城市都把优先发展公共交通置于城市和交通发展的重要地位，因此公共交通的良性发展及其与城市规划的互动就更具战略意义。本书的最大意义在于引起所有与城市发展相关的政策制定与城市管理者、规划师与建筑师、地产开发商、公众等都能关注和思考这些问题，通过了解国际上公共交通与城市发展的历史和实践经验，走出就交通论交通的误区，从（公共）交通与土地利用、城市形态的互动关系来寻求未来城市发展的出路。

翻译工作的完成，首先要感谢世界城市交通学会学术委员会委员、同济大学城市规划系潘海啸教授，他对本书翻译的推荐以及在专业方面的指点使我对交通与城市可持续发展领域有了更深刻的认识，使翻译进程更加顺利。还要感谢同济大学城市规划系张冠增教授，他对我英语水平的肯定使我对翻译工作的信心倍增。

译后记

还要感谢朋友、家人的支持和关心以及中国建筑工业出版社编辑的诸多帮助。

由于译者水平有限，翻译中难免疏漏，欢迎同行、读者批评指正。

龚迪嘉
2012 年 8 月 21 日于上海